数据挖掘

在高职教学质量评价体系构建中的
研究与应用

贾文雅 著

吉林科学技术出版社

图书在版编目(CIP)数据

数据挖掘在高职教学质量评价体系构建中的研究与应用 / 贾文雅著. --长春：吉林科学技术出版社，2019.10
ISBN 978-7-5578-6113-1

Ⅰ.①数… Ⅱ.①贾… Ⅲ.①数据采集－应用－高等职业教育－教育质量－教育评估－研究 Ⅳ.①G718.5-39

中国版本图书馆 CIP 数据核字(2019)第 233212 号

SHUJU WAJUE ZAI GAOZHI JIAOXUE ZHILIANG PINGJIA TIXI
GOUJIAN ZHONG DE YANJIU YU YINGYONG

数据挖掘在高职教学质量评价体系构建中的研究与应用

著	贾文雅
出 版 人	李 梁
责任编辑	李思言
封面设计	马静静
制 版	北京亚吉飞数码科技有限公司
开 本	710mm×1000mm 1/16
字 数	255 千字
印 张	14.25
印 数	1—5 000 册
版 次	2020 年 3 月第 1 版
印 次	2020 年 3 月第 1 次印刷

出 版	吉林科学技术出版社
发 行	吉林科学技术出版社
地 址	长春市人民大街 4646 号
邮 编	130021
发行部传真/电话	0431－85635176 85651759 85635177
	85651628 85652585
储运部电话	0431－86059116
编辑部电话	0431－85635186
网 址	www.jlsycbs.net
印 刷	三河市铭浩彩色印装有限公司

书 号	ISBN 978-7-5578-6113-1
定 价	80.00 元

前　言

为深入贯彻《国家中长期教育改革和发展规划纲要(2010—2020)》《教育信息化 2.0 行动计划》等精神,持续推进新技术与教学质量评价的深度融合,实现教学质量评价的动态化、数据化,迫切需要建立一种科学、高效、智能的高职院校教学质量评价体系,以满足学生、学校、社会的需求。

目前,高职院校教学质量评价标准中普遍存在评价方法单一、评价标准过于主观的情况,教学质量评价因工作量大、项目繁杂,而不免流于形式,难以充分挖掘和利用教学质量评价数据的潜在价值,这也成为高职教育持续健康发展的瓶颈之一。因此,将数据挖掘技术应用在高职教学质量评价体系的研究中势在必行。

随着时代的发展和技术的更迭,市面上现有的书籍和文献不能完全满足高职院校教学质量的评价需求,编写一本内容新颖、具有理论意义和实践创新的关于数据挖掘在教学质量评价体系构建中的研究与应用方面的专著,是本人多年的夙愿,亦是本人多年承担教科研项目研究的一点成果总结和心得体会,以期给各位同行提供一点借鉴和启发。

本书以医药类高职院校为例,将调研和数据挖掘技术贯穿始终,以服务师生为前提,以立德树人为根本,以检验教学质量、提高教学水平为目的,以"问题为导向"走访高职院校(校内)和校企合作单位(校外),采用现场问卷、网络答题、会议研讨等方式进行调研,对调研中确立的指标进行建模,对建模中遇到的问题再进行调研,形成了"调研—建模—再调研—再建模"的研究方式,最终形成了基于人工神经网络模型的教学质量评价体系,充分融合了数据挖掘、网络、数据库等先进技术,研究开发了集管理、分析为一体的教学质量评价软件系统。

本书共设立了八个章节,分别阐述了高职教学质量评价标准的研究现状,数据挖掘技术的发展及应用,高职教学质量现状的调查研究、评价体系的构建、评价指标体系的确立、评价软件系统的设计与实现,并采取应用实例的方法进行了介绍。最后进行了总结与展望。

本书在阐述前人的理论和方法的基础上不过分追求多而全,始终以内容新颖、切合实用为重点,内容多为作者近年来发表的一些研究及学习心得,并吸收了国内外同行的研究成果。供高职教学管理人员和教师使用参考。

在本书的研究和形成过程中,山西大学博士生导师王文剑教授、天津生物工程职业技术学院院长李榆梅教授给予了悉心指导和帮助,是他们将我引入了数据挖掘技术的领域;在教学质量评价体系构建方面,作者曾请教过中国职业教育杰出校长丁怀民教授、第六届"黄炎培职业教育奖"杰出教师吕梦蛟教授,两位老师非常热情地给予支持和帮助;在数据挖掘技术研究方面,得到山西大学硕士生导师杨红菊副教授和山西省食品药品检验所赵思俊博士的指导和帮助,同课题组成员山西大学商务学院李敏副教授等在数据挖掘高职教学质量评价体系构建中的研究与应用进行多次研讨,单位的领导和同事也给予了大力的支持和帮助,在此向他们一并表示深深的感谢。

本书在编写过程中参阅了大量文献,并引用了同类文献中的一些资料,在此谨向有关作者表示感谢!同时,感谢为教育事业做出努力做出贡献的同仁们!

本书在编写过程中,本着科学、严谨的态度,力求精益求精,但错误、疏漏之处在所难免,敬请各位读者及时批评指正。

贾文雅

2019 年 8 月

目　录

▶▶ 第一部分 ◀◀

▶▶ 第二部分 ◀◀

▶▶ 第三部分 ◀◀

第一部分

第一章　高职教学质量评价标准的研究现状

本章主要介绍了高职教育、高职教学质量标准与评价监控的概念,目前国内外教学质量发展的研究现状及未来教育的发展趋势,得出科学合理的评价标准体系势在必行的结论。

第一节　概　述

一、高职教育的定义

"高等职业教育"是"高等"与"职业教育"两个概念的复合。高等职业教育简称高职,属于职业教育的一部分。在中国大陆地区,高等职业教育包括专科和本科两个学历教育层次,相对于普通高等教育培养的学术型人才,高等职业教育侧重于培养高等技术应用型人才,高职在大陆主要是专科层次。

高职教育是以培养具有一定理论知识和较强实践能力,面向基层、面向生产、面向服务和管理第一线职业岗位的实用型、技能型专门人才为目的职业技术教育,是职业技术教育的高等阶段。

二、高职教育的特点

(一)从教育对象看

高职教育的教育对象是普通高中毕业生和具有与高中同等学历的学生。从 2019 年开始,退役军人、下岗职工、农民工等也可报考高职院校。高职教育是在专科教育阶段进行的职业教育。

(二)从宏观的培养目标看

我国当前教育可以划分为四个阶段:学前教育阶段、义务教育阶段、职业教育阶段和高等教育阶段。

学前教育阶段,也称幼儿教育阶段,培养目标主要是培养幼儿的说话能力和动手能力;义务教育阶段的培养目标是向每个人提供并为一切人所共有的最低限度的知识、观点、社会准则和经验的教育;高等教育阶段,是中国教育的最高阶段,培养目标是为国家培养高级专门人才。

职业教育阶段的培养目标应该是"培养一技之长,掌握谋生手段"。分为中等职业教育(简称中职)和高等职业教育(简称高职)。中职教育的培养目标是培养与社会主义现代化建设要求相适应、德智体美等全面发展,具有综合职业能力,在生产、服务、技术和管理第一线工作的高素质劳动者和中、初级专门人才。而我国高等职业教育的人才培养目标多年来一直处在变化之中,从开始提出的"技术型人才""应用型人才"到后来的"实用型人才",再到现在提出的"高技能人才"。它与普通高等教育培养的人才是有差异的。

(三)从微观的培养目标看

学校在对学生实施思政教育的同时,还应加强职业道德教育,充分重视职业道德的培养;使学生具备必要理论知识和科学文化基础,熟练掌握主干技术,侧重实际应用;侧重相关知识的综合运用;培养学生的表达能力、与人沟通、合作共事的能力;重视实务知识的学习,强化职业技能的训练。

三、高职教学质量评价基本概念

教学:教育离不开教学,教学作为教育的一个组成部分,是教育的一个手段和方式。需要用教学来实现教育,在教授学生知识技能的同时也要渗透育人。

教学质量:这是学校教学工作永恒的话题,一切教育活动的生命线。不断提高教学质量是所有教育活动的终极追求,是一个学校赖以生存的基础。

教学质量标准:这是为衡量教学应达到的目标而制定的具体明确的标准。指在教学中按照教学过程的要求,在教学活动的各个环节,制定出相应的评价标准,并将它作为目标予以不断的追求。教学的对象是人,教学过程可变因素多,质量难以数量化。

教学质量评价指标体系:由监控内容、监控组织机构、监控标准和监控方法有机结合在一起构成的教学质量监控体系。

目前,世界各国正应用数学方法,通过实验,在取得可靠资料的基础上探讨量化标准问题。不同社会制度、不同阶级的教学质量观不同。中国坚持以德、智、体、美、劳全面发展的质量观。随着我国高职教育管理体制改革和教学改革的不断深入,教育教学质量问题日益引起政府、高校、个人、家庭及全社会的高度关注,因此,非常有必要对高职高专教育教学质量监控与评价进行研究,只有建立了切实可行、便于操作、评价客观、公平公正的质量标准,才能科学地、规范地进行质量检查和分析,为质量论证提供可靠的依据,从而对教学质量进行有效的监控。

第二节　高职教学质量评价研究进展及分析

有关教育的历史渊源流长,在欧洲,可以追溯到光辉灿烂的古希腊时期;在中国,可以追溯到百家争鸣的春秋战国时期。古今中外教育教学一以贯之的核心使命就是"立德树人"。

20世纪90年代后,发达国家间的贸易争夺愈演愈烈,美国在世界经济中的霸主地位从根基上产生了动摇。美国劳工与经济界经多方调研后一致认为,美国大多数工业产品出口竞争力下降的主要原因是劳工素质低下,而在失业率不断增加的形势下高新技术尤其信息发展所需的技术人员却严重缺乏,新增劳动力则普遍缺乏就业的基本技术。针对新增劳动力职业素质不高的问题,美国教育部和劳工部共同推出《由学校到就业法案》,要求学校在职业教育基础上贯彻企业培训的学习计划。凡完成"由学校到就业"计划者,可同时获得高中毕业文凭和职业技能证书。

可以看出,高职教育正处于变革的时代,既面临改革的契机和发展机遇,也面临着各种挑战和难题,唯有坚持"立德树人",落实"立德树人",提高教学质量,才能坚守教育使命,履行教育职责。

这一趋势要求各国着手建立教学质量标准,并将其作为国家职业教育与培训的目标。

一、高职教学质量评价国外研究进展

欧美国家最先开创了教学质量评价的先河,在其发展过程中逐渐形成了一系列的分支学科,主要包括教学绩效考核、教学过程、教学质量等方面的评价,在研究方法上也逐步趋向于科学化、定量化。下面介绍几个代表性的国家。

(一)美国

美国的教学模式是以能力为基础的教育(Competency Based Education)，简称 CBE 模式，是"宽专多能型"，注重各种职业发展方向，重视学生以后的发展，学习更多的广泛的基础知识，能适应很多职业。这与其社会特征是相吻合的。此模式产生于二次大战后。目前，已广泛应用于美国、加拿大等北美的职业教育中，属于当今一种较为先进的职业教育。美国高职高专教育教学质量监控与评价的特点有如下三点。

1. 政府直接对高职高专教育教学质量进行强有力的调控

高职教育主要通过社区学院来实施。各州政府有依法管理高职的权力，以及利用拨款来提高教学质量积极性的权力，同时对高职高专办教育、授学位也有审批权。联邦政府可根据各高职高专院校的办学质量和专业完善性，对其进行资金投入。因此，美国的高职高专院校必然力争提高办学质量，求得生存。

2. 评价机构为政府及教育部提供评价结果

美国各州教育协调机构与评价组织密切合作。通常评价组织在一项评价工作开始之前通知州高职高专教育机构，而后才开展评价工作。评价结果是各州教育进行规划的重要依据，评价组织并向美国教育部提供有关学校和专业的质量保证。教育部经常公布国家承认的评价机构，列出可靠、合格的评价代理机构。为了审查和承认评价组织，教育部制定了有关准则，定期对院校评价机构和专业评价机构进行评审，以确认确实起到了质量指示器的作用。

3. 评价内容实际、科学

评价内容包括三个方面：教育资源、教育过程和教育结果。评价机构对这三方面的评价主要包括以下步骤：(1)明确被评学校或专业的教育目标；(2)拟订达到这一目标的途径和方法；(3)以充分的材料证明已达到教育结果；(4)提出下一轮改进和提高教育质量的措施。评价机构根据实际需要，为学校和专业服务，为提高教学质量做实事。

(二)法国

法国的分权改革是高职高专教育教学评价成为教育管理的一个重要组成部分，教学评价以整个教育系统为评价对象，高职教学评价包括对教育管理、教学、学科、专业、课程建设、学校发展目标、学校改革规划、教师、学生等各方面的全面评价。高职教学质量监控与评价的特点有如下三点。

1. 评价委在高职高专教育教学评价中具有极高的权威性,评价具有相对的独立性

评价委开展工作是根据法律所赋予的权力来进行,并且直接对总统负责,其他任何机构,包括教育部在内也都不能直接干涉其评价工作的正常进行和评价报告的如实撰写。这样,就在保证了评价机构独立性和权威性的基础上确保了评价结果的客观性、公正性、科学性。

2. 评价方式多样,范围全面且有周期性

评价方式通常是采用高职高专院校自评、现场访问、实地考察、问卷调查、组织有关人员座谈等方式来进行;将定性分析与定量分析相结合,对所收集到的信息进行综合分析;将评价报告草稿送给被评高职高专院校的校长进行审阅,让其发表意见,并对报告中的事实性信息进行检查、修改,以争取获得客观、社会认可的评价结果。评价委在收集信息时,面向全国,以利于综合分析;对高职高专院校自身来说,评价主要是对学校整体办学水平、教学特色、教学实况、学生质量等信息进行全面评价。评价委以 5 年为一个周期来开展工作,轮换对高职进行实践技能或专项性的评价。

3. 评价结果面向社会公开

评价委专家的报告是保密的,但评价结果是公开的。评价结果由评价委员负责面向社会公布出版,并对其负责解释和承担责任。评价结果公开既是对国家、学校、受教育者、家庭、地方政府及其他基金组织负责;也是为了向社会各界提供信息,帮助学生选择学校、进行教育投资等;也有利于社会对高职院校教学进行监督。

(三)澳人利亚

澳大利亚的高等职业教育经过多年的实践探索,形成了特色鲜明、自成一体的 TAFE(Technical Further Education)能力本位的教学模式,TAFE的中文翻译是技术与继续教育,相当于我国的高职教育,此办学模式是建立在终身教育体系基础上的特色鲜明的职业教育与培训制度。其历史悠久,正式以官方的公文出现是在 1974 年的《坎甘报告》(澳大利亚技术与续教育咨询委员会报告)中。TAFE 以"同时满足学习者的学习需求和企业用人标准的需求"为教育理念。

经过四十多年的动态发展和不断完善,TAFE 教育逐步形成以能力为本位的教学模式,成为其国家联邦教育体系中的重要支柱,其教学质量监控与评价有两个特点。

1. 独特的教学计划开发及其框架

教学计划的开发由州教育培训部教育服务处负责具体操作,根据国家培训包提出的能力要求和州教育培训教育服务处提供的教学计划开发办法,在听取国家培训信息服务处、州行业顾问委员会、企业、州职业教育顾问委员会和 TAFE 学院有关专家的意见后,制定出教学计划。课程开发权归州教育部教育服务处。如有教师、企业技术人员或专家认为某门课程需要向学生介绍,必须向教育服务处提出申请,当教育服务处了解情况后认为有必要开发该课程时,教育服务处以招标的形式向社会发布信息。确定课程开发后教育服务处要同开发院校签订合同,明确课程开发时间、具体要求、经费和课程主审。

2. 以能力为本位的教育教学质量观

澳大利亚 TAFE 强调对学生实际工作能力的培训,具体表现在:(1)突出能力培训是国家有关教育法规的要求。国家认证体系和培训包是 TAFE 办学必须遵循的教育法规。(2)能力培养是教学设计的核心内容。TAFE 的教学体系建立在以培训学生实际能力为目标的基础上,强调加强实践教学环节,使理论教学与实践教学融为一体。(3)以能力目标作为对学生进行质量评价的尺度。TAFE 对培训包课程提出最低能力测试考核要求。(4)学生的实践能力是考核的重要内容。对 TAFE 学生的考核包括理论水平和实践能力两部分,其中对理论的考核要求比较松;对实训课,即基本的要求则比较严格。

(四)英国

在 1991 年,英国工业协会将国家职业资格纳入行业培训大纲与目标中,1993 年,该体系正式纳入国家职业教育与培训的目标之中。在国家职业技能标准和职业资格制度基础上,英国又制定了各种文凭和证书课程标准,然后又统一制定了各种课程的必修核心的单元与选修单元或模块课程,以此规范各级各类职业技术院校的教学质量和人才培养规格。英国高职教学质量监控与评价的特点有如下三点。

1. 强大的高职教育外部系统

英国高等教育外部系统包括学院基金委员会、协助政府实施质量监督的女王巡视团、高等教育协会、高等质量保证署、国家职业资格委员会和英国工业联盟等机构。它们按照国家有关法律和政策对高等学校的质量进行评价和审计。其中,大学基金委员会和国家学位委员会是代表政府对高等教育实施水平评价、基金分配和质量监督的机构,前者的主要职责是根据每4年一次的评价结果制订基金分配方案,并与学院签订合同监督经费的使用效益;后者的职能是对高职高专院校,如多科技术学院、师范学院、继续教育学院等进行质量监督、统一颁发学位、文凭和证书。

2. 完善的高职教育内部系统

内部系统包括学院校长委员会、学术审计处、商业与技术教育协会以及各高等学校的自我监督与评价制度等,此系统是在学院的学术(专业)框架内进行运作的。校长委员会负责对高等学校学术标准的制订、对大学教育质量的评价以及经费的分配。其中,商业与技术教育协会是英国最大的、独立的、非盈利的职业技术教育组织之一,负责制订职业技术标准、培训职业技术人才、颁发职业资格证书。英国高等学校的自我监督与评价是由来已久的,只是随着内外部各种监督与评价机构的建立而更加健全。

3. 独立的民间监督与评价系统

独立的民间监督与评价系统包括民间组织和一些新闻机构,如《泰晤士报》《金融时报》、商业企业、专业团体等,其中新闻媒介进行的评价影响最大。《泰晤士报》自1992年后每年一度发布英国高职高专排行榜。它从民间的立场出发,组织有关专家对高职高专院校进行的评价。由于指标设计合理(含教学、科研、学生录取水平、师生比例、图书及计算机支出、其他设施支出、优秀本科毕业生、毕业生就业等)、数据来源可靠,具有较高的社会信可度,成为评判英国高职教学质量水平的重要依据之一。

(五)其他国家

日本的高职教育评估体系是在借鉴美国的经验基础上,建立完善了包括高校自我评估制度、政府评估和社会机构大学评估的"三个体系"和一个大学基准审议制度平台。

南非建立了高职教育质量委员会。该委员会的职责是加强质量保证,检查学校质量保证机制并提出新的方案。该委员会解决因种族隔离制度而产生的质量不均问题。所有的高职教育课程都受到南非质量保证体系监督。委员会成为学院审计、学科建设和研究的保护伞。

从以上情况可以看出,国外高职教学质量保障改革趋向各具有其特色,基本上从实际国情出发,选择适合自己的教学质量保障制度。从世界经验看,高职教育教学评价机构都是以政府的信任和支持为运作条件,离开政府的资助与支持就难以发挥应有的作用。借鉴国外成功经验,探索有中国特色的高职教学质量评价方法意义重大。

(六)趋势及分析

1. 走综合化发展道路,加强研究性和开放性

随着职业教育体系由封闭走向开放,世界许多高职院校开始走向综合化发展道路。

(1)高职院校由单一的正规教育向正规与非正规教育并存方向发展。

(2)由单一的学历教育向学历与非学历教育并存方向发展。

(3)单一的职前教育向职前与职后教育并存方向发展。

(4)单一的育人就业向产教结合的教育方向发展,使高职院校成为一个资源开发中心。

比如,印度学生在完成8年义务教育后,可升入二年制的高中阶段学习。完成10年学业的学生,如考不上高等院校,可以进"工业教训学院"和"职业学校"接受二年制职业教育,或进入"综合工业学校"接受三年制技术教育。普通教育的完全中学毕业生如果不想就读普通高等教育也可以通过双元制职业教育与企业继续教育成为职业人才。英国职业教育体系与普通教育体系的沟通以课程为连接点,如接受过第三阶段技工培训的技工通过过渡课程的学习后可以进入高级国家证书或文凭课程学习,两年后可以再进入普通高等学位教育学习。

2. 在迈向综合化的道路中,世界各国高职院校加强学校的研究性和开放性

(1)建立加强职业教育和方法论以及相关的教学方法等研究组织,增强学校的研究性。

德国不莱梅大学的技术与教育研究所、汉堡大学的职业教育研究所的工程技术专业的职业教育工作者,通过各自的教学实践,不约而同地提出了工作过程导向的教学组织方式。这一思想为欧洲10个国家所接受。德国在职业教育教学中提出了"获取信息、指导计划、实践计划、评估计划"的四阶段教学过程,就是工作过程导向的教学组织形式的具体体现。美国也由7所从事职业教育的高校,包括加利福尼亚大学伯克利分校、纽约哥伦比亚大学、伊利诺斯大学、明尼苏达大学、加利福尼亚兰德学院、弗吉尼亚工业学

院与州立大学、威斯康辛大学,共同组建了隶属于联邦政府的美国国家职业教育研究中心,高度重视创新职业教育科研课题的研究,该中心向美国劳工部提出的包括"资源合理支配、人际关系处理、信息获取利用、系统分析综合、多种技术运用"的五种能力以及"技能、思维、品行"的三种素质,有可能在职业教育领域里产生新的符合职业教育特色的学习理论。

(2)加强学校的开放性,成为国际性开放大学。

世界各国高职院校打破大学与社会相隔绝的状态,实行在学校内部以及向社会、国际三方位的开放。一是学校内部的沟通、开放。社区学院的普通教育和职业培训教育是根据社区的需要和利益而灵活调整制定的。社区学院的教育分为转学教育和职业培训教育,分别开设学士学位二、三年级课程和直接为就业做准备的教育课程。其中转学教育的课程设置,与本州内所授予学士学位的公立大学前两年的课程设置基本相同,以便于学生学完两年后转学到那些大学继续攻读学士学位。而职业培训教育则集中开设与职业相关的技能课和知识课,往往应当地工商企业的实际需求而开设。二是向企业开放。如英国多科技术学院实施的"三明治课程"。多科技术学院属高等职业教育之列,其学位课程是前两年在学院学习,第三年到相关的企业实习,最后一年又回到学院学习;文凭课则是第一年在学院学习,第二年到企业接受实际培训,第三年再回学院学习课程。多科技术学院作为教育的基础结构,为社会培养了有技术、能适应职业需要的职工。

二、高职教学质量评价国内发展历程及研究进展

关于中国高职教育的起点,学术界有不同的看法。有学者认为高职教育起源于近代。也有学者认为高职教育起源于改革开放以后的 20 世纪 80 年代初。如王明伦认为:"……国家教委于 1980 年批准成立了南京金陵职业大学、江汉大学、无锡职业大学等 13 所短期职业大学。这批职业大学的诞生,开创了我国高等职业教育发展的先例,标志着我国高等职业教育的开始,它基本代表了我国高等职业教育发展的雏形。"目前高职教育界普遍认同这种观点,并把中国高职教育分为三个发展阶段。

(一)中国高职教育四十年的发展历程

1. 20 世纪 80 年代:孕育产生阶段

我国高职教育在改革开放的大背景下产生。1979 年,我国出现了为中等技术教育培养师资的职业技术师范学院。1980 年,我国东南沿海和一些

中心城市率先创办了一批新型地方大学——短期职业大学,这是我国最早具有高职教育性质的学校。从 1980 年到 1985 年,各地共兴办了 120 多所职业大学。它们的共同特点是自费、走读、不包分配。短期职业大学的出现为我国高等教育带来了新的气象,改变了高等教育严重脱离生产实际的风气。但是,由于发展时间短、经验不足、政府重视不够等问题,多数职业大学把高职教育办成了"压缩式"本科。

2. 20 世纪 90 年代:地位确立阶段

探索新的人才培养模式,确立高职教育的地位是这个阶段的主题。20 世纪 90 年代,我国探索出了一条高中程度起点的高职教育之路,成为高职教育战线上一项十分紧迫的任务。1991 年,邢台职业技术学院最早在全国试办高中起点、专科层次的高职教育。经过几年的探索,这所学校借鉴北美 CBE 教育理论,探索形成了以职业能力教育为基础的人才培养模式。这种模式打破了传统的学科教育课程体系,建立了由公共课、专业理论课和实践课组成的新课程体系,为高职教育的发展带来了新的气象。20 世纪 90年代后期,这种职业能力教育模式在高职教育界得到广泛认可,并对高职教育地位的确立起到了重要作用。1994 年,全国教育工作会议提出"通过现有的职业大学、部分高等专科学校和独立设置的成人高校改革办学模式,调整培养目标来发展高等职业教育。"1994 年和 1996 年,原国家教委先后批准 18 所重点中专学校,通过举办五年制高职班的形式继续探索五年制高职教育。1995 年,原国家教委决定在一部分有条件的成人高校试办高职教育,并逐步开展试点,至 1999 年试点的学校达到 563 所。1996 年颁布的《职业教育法》和 1998 年颁布的《高等教育法》规定,高职教育根据需要和条件由高职学校实施,或者由普通高等学校实施,高等学校是指大学、独立设置的学院和高等专科学校,其中包括高职学校和成人高校。这就确立了高职学校的法律地位。1997 年,针对高职院校数量不断增加的情况,原国家教委出台了《关于高等职业学校设置问题的几点意见》,对于规范高职教育的发展起到了十分重要的作用。1998 年,顺应高等教育扩招的要求,高职教育开始大力扩大招生规模。1999 年 1 月,教育部和国家计委决定在当年普通高等教育年度招生计划中,安排 10 万人专门用于 14 个省、市试行与现行办法有所不同的管理模式和运行机制举办高职教育,目的是为了加快高级应用性人才的培养速度。

3. 2000 年至今:类型确立阶段

进入 21 世纪,中国高职教育的重新定位,培养目标和培养模式的逐渐清晰,使得高职教育作为一种新的高等教育类型得以确立。扩大办学规模,提高教育质量,是这个阶段的主要内容。2000 年后,我国高职教育的规模获得了迅猛发展。2009 年全国教育事业统计公报显示,高职院校达到 1215 所,在校生 1280 万人,多于本科生。与此同时,教育行政部门还组织开展了一系列高职教育教学改革。2000 年 1 月,教育部颁发《关于加强高职高专教育人才培养工作的意见》,明确了人才培养目标的内涵和培养模式的基本特征,指出了加强教学基本建设、专业建设、课程和教学内容体系改革、教学方法改革,建立相对独立的实践教学体系,提高教育教学质量的重要性。这份文件是教育部对高职高专教育 10 多年来试点、改革与发展成功经验的总结与推广,是我国高职教育史上第一个里程碑性质的文件;同时,它也是此后一段时间高职高专教育人才培养工作的指导性文件。之后,有关职业教育的文件继续出台,推动高职教育不断向前发展。2019 年 1 月国务院印发了《国家职业教育改革实施方案》,方案提出,把职业教育摆在教育改革创新和经济社会发展中更加突出的位置

总之,高职教育经过了近 40 年的发展历程,对完善我国教育体系起到了不可忽视的作用,推动了我国教育普遍化的步伐。然而在这一发展历程之中也有许多不尽如人意的地方需要加以改进。如何正确分析我国高职教育存在的问题,对今后改进高职教育、为高职教育提供新的发展动力有着积极的作用。

(二)高职教学质量评价的研究分析

为了高质量完成高职教育的培养目标,全面提高教学质量意义重大,教学质量评价科学准确刻不容缓,势在必行。国内有关高职教育教学质量标准的研究尚且不多,有北京联合大学鲍洁副研究员主持的课题《高等职业教育质量保障体系研究》、浙江工业大学教育科学与技术学院李海宗的研究论文"高等职业教育产出质量保障机制研究"、王前新等编著的《高职教育教学质量构建机制与保障体系》等,这些都是在研究建立有中国特色的高等职业教育的质量观和质量标准,分析高职教育教学过程,形成质量保障的要素体系、评价机制。可以说广大专家和学者进行了大量艰苦卓越的研究,初步探索出了我国的高职教育质量标准,并提出了相应的质量管理体系的建构思路及方法。

尽管上述学者对教学质量的评价从不同的视角做出了研究,但传统教学质量评价存在的弊端仍然突出体现,从评价内容上看,定性的方法评价较多,只有很好、好、一般、不好等评价结果。显然,此结果没有科学依据,具有很强的主观性,具体主要是从教师听课、学生测评、学生成绩等方面进行质

量评价,它只能适应传统的教学模式。从评价方法上看,采用问卷方式进行,大致有以下几个步骤:制作、印刷、发放、回收、统计分析、归档与保存等,每步操作都需要大量的人力和物力,数据处理工作量大、操作成本高、容易出错,并且采集比较单一,采集源头比例小,结果不够准确,受到参与人数和统计误差的制约,且透明度不高。教师很难从这个分数看出教学质量的优缺点,对教师改进教学质量的意义不大。可以看出,教学质量评价内容单一、评价导向异化、评价思路混乱、评价标准不一,这些问题将直接影响能否充分发挥教师教学质量评价的功能,以至于难以进行数据潜在价值的挖掘和利用。为此,有必要开展教育思想的讨论,研究怎样正确评价学生的质量,什么样的高职学生才是符合时代需要的人才等;必须认真地进行社会调查,分析职业岗位对人才知识、能力和创新等素质的要求;必须改变陈旧的思想意识,确立新的教育质量观,尽快摆脱实践依附理论、验证理论的状况,以适应新时代的要求。

第三节　我国教学质量评价未来发展趋势

从发展情况看,未来教学质量的发展将与就业教育、创业教育、全民教育相互渗透。随着信息时代的来临,终身教育理念逐步深入人心,将职业教育体系中职前与职后教育有机结合起来,创造一个终身教育的完整连续统一体已成为世界性趋势。例如,芬兰在合并85所职业教育机构的基础上,组建22所高职院校,职业高中和普通高中毕业生均有机会升入高职院校深造。韩国举办二年制的初级职业学院,所有具有高中学历的青年,通过国家资格认证的技师以及符合国家规定工作年限的工人,都有继续学习的机会。世界各国职业教育逐渐融入终身教育体系,其表征之一是职业教育不再被看作是终结性教育而是一种阶段性教育。从查阅文献的借鉴与对教育教学的探索,可总结出我国教学质量评价未来发展趋势。

一、转变唯知识的教育质量观念

长期以来,传统的评价学生的尺度是以所学知识的多少来衡量的,是一种唯知识的质量观。对于培养生产、建设、管理、服务第一线的高职教育来说,这种观念必须转变,而代之以技术应用能力和创新能力为主体的综合素质质量观。当今世界的竞争日趋激烈,新的科技革命的迅猛发展,各国的高职高专教育都在以培养有创新精神的人才为目标,我国高职院校必须改变陈旧的思想意识,确立新的教育质量观,把创新能力作为衡量人才质量的重要依据,把培养创新性人才与社会发展相结合,尽快摆脱实践依附理论、验证理论的状况,以适应新时代的要求。

二、建立高效的高职教学评价机构

从世界经验看,高职高专教育教学评价机构都是以政府的信任和支持为运作条件,离开政府的资助与支持就难以发挥应有的作用。评价机构的信息要为政府的行政决策服务,如果得不到政府的信任和支持,等于"产品"失去了用户,也就丧失了存在和发展的条件。只有政府积极地支持教育教学活动,使其得到健康的发展,它才会在推动高职教育改革、促进高职院校提高教育教学质量和服务社会等方面发挥重要作用。

三、制定科学的评价方法,引导高职高专院校办出教育特色

评价体系、指标、方法要科学,教学质量调控方法要规范。纵观世界科技、经济、社会的发展,21世纪是一个更加注重质量、以质量取胜的时代,保证和提高高职教育人才培养质量,即是国家现代化建设对我们提出的要求,也符合国家高等教育改革和发展的大趋势。因此,高职教育必须围绕质量这一永恒的主题,一手抓建设,一手抓改革,不断提高教育质量,才能立于不败之地。

四、应用现代管理手段建立高职高专教育教学质量监控与评价体系

高职高专院校的教育质量管理应是一种全面质量管理(Total Quality Management,TQM)。TQM是"一个组织以质量为中心,以全员参与为基础,目的在于通过让顾客满意和本组织所有成员及社会受益而达到长期成功的管理途径。"将这种管理理念应用于高职教育,则可把高职教育看作是一种服务,学生、家长及社会则为消费者或顾客,学校要满足他们不断的需求。一是要从"服务的角度"看待学校的一切工作,包括对内和对外的工作;二是培养人才的质量形成是从学生进校到毕业全过程的教育和管理;三是必须使影响"产品"质量的全部因素始终在教育和管理过程中处于受控状

态;四是使学校具有持续提供符合社会所需人才的能力;五是学校要建立质量体系,坚持进行质量改进,以持续提高教育质量。

五、建立多元化的评价主体

建立多元化的评价主体,发挥评价导向作用,包括政府、中介评价机构、学校、学生、企业在内的多元化的教学质量监控与评价体系,形成对高职高专教学质量多角度、多方位、多次层次的监控与评价。从学校层面来说,应健全教学管理职能部门,发挥其在教学质量监控与评价中的常规主体作用,教务处、教学系、部与教研室处是在第一线教学活动的直接组织者、实施者和管理者,在教学管理监控中是教学质量保证的直接责任者。从学生层面来说,应发挥学生对教学质量的监控评价作用,高职高专院校可通过问卷调查、问卷评分对教师做出某些方面的评价或综合评价。由于教师的教学工作直接对象就是学生,学生对老师的教学态度、教学水平、教学数量、示范水平最了解。从企业层面说,要引进用人单位与社会有关标准,使教学质量监控与评价更具科学性。

实践证明,只有提高高职教育教学质量,才能使高职高专教育教学更有特色,更具有吸引力和生命力。而建立高职高专教育教学质量监控与评价体系,正是提高高职高专院校整体办学水平、增强学校竞争能力、确保高职高专教育质量的关键所在。

第二章　数据挖掘技术的发展及应用

本章主要介绍数据挖掘的相关知识,包括数据挖掘定义、数据挖掘的方法、数据挖掘步骤、数据挖掘的相关技术、常用的数据挖掘算法以及数据挖掘在相关行业的应用情况特别是数据挖掘在高职教学质量评价中应用情况。

第一节　数据挖掘的原理及相关技术

一、数据挖掘的概念

数据挖掘,英文名称为 Data Mining,简称 DM,是一门新兴的学科,是从比它之前出现的学科,如数据库技术、统计学和机器学习等学科中不断演变发展过来的(图 2.1)。它也称为数据库中的知识发现(Knowledge Discovery in Database,KDD),换句话说就是通过对数量大、无规律、包含大量无用信息数据的计算中得出有用的、潜在的信息。

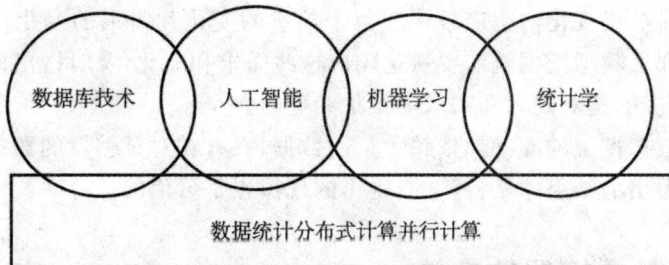

图 2.1　数据挖掘所包含的学科

从研究的方法上来看,数据挖掘要经过数据的收集、数据的简单预处理、数据的分析和结果的表示等过程。这个过程是复杂的、繁琐的,更是回味无穷的。人们在研究过程中可以体会到更多的获得感。

数据挖掘的出现使人们对数据的应用从较低层次的数据查询提升到较高层次的从数据中挖掘有用的信息和知识,并为后续的决策提供支持。在这种需求的刺激下,自然地汇集了各领域的研究专家,尤其是数据库技术、人工智能、机器学习等方面的专家和技术人员都纷纷投身到数据挖掘这一新的研究领域,就像大海里的水奔流不息,最终形成新的技术,通过对这些技术的综合应用,实现分析提取有用信息的功能。

二、数据挖掘的特点

一般来说,数据挖掘技术是与平台无关的,对数据的格式、数据的存储模式等没有要求。数据挖掘技术的输入可以是不同的数据库中存储的数据,也可以是互联网上的网页;数据可以是简单的文本,也可以是复杂的多媒体信息;数据库系统既可以是层次数据库,也可以是关系数据库。数据挖掘技术可以根据不同的需求采取不同的数据对象和不同的数据挖掘方法,灵活性较大。

数据挖掘技术有如下一些独特的特征。

(1)数据挖掘的处理的数据规模较大,甚至可以大到 TB 级别,只有在大数据量的前提下,挖掘的结果才会有现实意义和普遍的价值。

(2)挖掘的需求随机性较大,通常没有特别的需求,数据挖掘的输出可能是隐藏的可能有关联的信息。

(3)数据挖掘有一定的预测功能。通过对数据库中信息的挖掘,发现可能会发生的偶然事件,并对偶然事件进行预测。

(4)对数据变化的响应较快。由于信息的变化和需求的变化都是比较迅速的,那么数据挖掘就需要快速响应这些需求和变化,及时做出反应。数据挖掘更多的是对规则和需求的维护和更新。

(5)数据挖掘的准确性依赖大量的数据,只有在对足够量的数据进行分析之后,得出的结果才是科学的,得出的规律也是可信的。

三、数据挖掘的方法

数据挖掘技术常用的研究方法很多,但是每种方法的着重点不同,解决的问题也不同。

(一)统计分析

在数据挖掘中,统计分析方法的使用比较普遍。一般在进行数据统计或者数据预处理前,都可能会用到统计分析方法。其中,SPSS 是国内外应用较多的统计软件,适用于市场调查、销售分析等多个领域。在统计分析前,首先要对统计进行设计,然后使用问卷进行调查,最后进行统计整理。它主要是根据要统计的数据,找到其中存在的某些规律。常用的统计分析方法有回归分析、因子分析、相关分析等。

(二)关联规则挖掘

关联规则挖掘技术是 Agrawal 等人于 1993 年最早提出来的,此技术是从大量的数据中找到事物之间的联系或者存在的相关性。一个最经典的例子,就是零售业中的"购物篮"关联分析,这个过程是通过研究顾客向"购物篮"中存放的不同商品,进而对顾客的购物习惯进行判断和分析。此分析方法能够帮助商家进一步了解什么种类的商品顾客购买比较频繁,从而更好地制定营销策略。其中,Apriori 算法是关联规则中最常见、最经典的算法。

(三)聚类分析

在数据挖掘领域,聚类分析是比较活跃的一种分析技术(图 2.2)。它主要是从相似的基础上对收集到的数据进行分类,但是它和分类技术也有所不同,聚类所要划分的类是未知的。聚类分析技术是将数据分成不同的类或簇,这样在同一个簇中的对象之间有很大的相似性,而不同簇中的对象有很大的相异性。聚类增强了人们对客观现实的认识,即通过聚类建立宏观概念。例如鸡、鸭、鹅等都属于家禽。目前,聚类分析的应用领域很广,包括统计学、数学、经济学等。

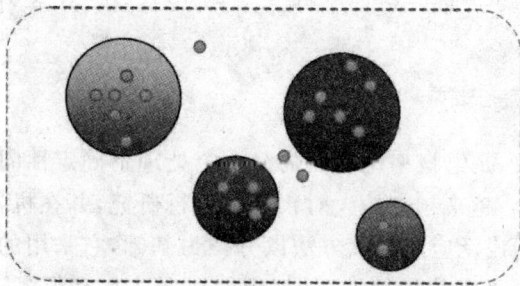

图 2.2　聚类分析示意图

聚类方法包括统计分析方法、机器学习方法和神经网络方法等。

在统计分析方法中,聚类分析是基于距离的聚类,如欧氏距离、海明距离等。这种聚类分析方法是一种基于全局比较的聚类,它需要考察所有的个体才能决定类的划分。

在机器学习方法中,聚类是无导师的学习。在这里,聚类是根据概念的描述来确定的,也叫概念聚类,当聚类对象动态增加时,概念聚类则称为概念形成。

在神经网络中,自组织神经网络方法用于聚类。如 ART 模型、Kohonen 模型等,这是一种无监督学习方法。当给定距离阈值后,各样本按阈值进行聚类。

(四)决策树方法

决策树,又称作判定树,是数据挖掘中最直观的一种分类算法。利用决策树,可以对大量复杂的数据进行分类,以树状流程图的形式表现规则。决策树是一种预测模型,可以用来评价项目的风险,进而判断其可行性,但是它在预测连续性的数据方面会比较困难。

利用决策树的前提是已知发生的各种情况的概率,是对象和对象的属性值之间的映射关系。决策树分为两种:一种为分类树,通常用于离散型的变量;一种为回归树,通常用于连续型的变量。

(五)人工神经网络方法

人工神经网络,简称为神经网络,它是数据挖掘中比较新的一种数学计算模型。神经网络是在生物神经系统的启发下产生的信息处理方法,是由很多处理单元组成的非线性、超大规模特性的系统。神经网络具有多种功能,不仅可以实现自主学习,还具有存储功能。其中,自主学习是神经元的最重要的特征,通过学习能够分析数据中的模式,从而构造需要的模型。目前,人工神经网络已经在经济、效益等方面得到应用,并在未来有着很大的发展前景。

(六)粗糙集方法

粗糙集方法,是继概率论之后的又一个处理不确定性问题的较新的计算方法。现如今,越来越多的人对粗糙集进行研究,并在机器学习、决策分析等方面进行了广泛应用。该方法以分类为基础,它采用的信息表和关系数据模型之间有很大的相似性,采集到的数据往往有很多不精确,甚至不完整。

（七）时序模式

时序模式是通过时间序列搜索出重复发生概率较多的模式。这里重点说明时间序列的影响。如在所有购买了激光打印机的人中，半年后，有80％的人再购买新硒鼓，有20％的人用旧硒鼓装碳粉；在所有购买了彩色电视机的人中，有60％的人再购买 VCD 产品。

在时序模式中，需要找出在某个最小时间内出现比率一直高于某一最小百分比（阈值）的规则。这些规则会随着形式的变化做适当的调整。

时序模式中，一个有重要影响的方法是"相似时序"。用"相似时序"的方法，按时间顺序查看时间事件数据库，从中找出另一个或多个相似的时序事件。例如在零售市场上，找到另一个有相似销售的部门，在股市中找到有相似波动的股票。

（八）分类

分类是数据挖掘中应用最多的任务。分类是找出一个类别的概念描述，它代表了这类数据的整体信息，即该类的内涵描述，一般用规则或决策树模式表示。该模式能把数据库中的元组映射到给定类别中的某一个。

类的内涵描述分为特征描述和辨别性描述。特征描述是对类中对象的共同特征的描述，辨别性描述是对两个或多个类之间区别的描述。特征描述允许不同类中具有共同特征，而辨别性描述中不同类不能有相同特征。辨别性描述用得更多。

分类是利用训练样本集已知数据库元组和类别所组成的样本通过有关算法而求得。建立分类决策树的方法，典型的有 ID3、C4.5、IBLE 等方法。建立分类规则的方法，典型的有 AQ 方法、粗集方法、遗传分类器等。

目前，分类方法的研究成果较多，判别方法的好坏，可从三个方面进行：(1)预测准确度（对非样本数据的判别准确度）；(2)计算复杂度（方法实现时对时间和空间的复杂度）；(3)模式的简洁度（在同样效果情况下，希望决策树小或规则少）。在数据库中，往往存在噪声数据（错误数据）、缺损值和疏密不均匀等问题。它们对分类算法获取的知识将产生不良的影响。

（九）偏差检测

数据库中的数据存在很多异常情况。从数据分析中发现这些异常情况也是很重要的，人们应引起对它更多的注意。偏差包括很多有用的知识，如分类中的反常实例，模式的例外，观察结果对模型预测的偏差量值随时间的变化。

偏差检测的基本方法是寻找观察结果与参照之间的差别。观察常常是某一个域的值或多个域值的汇总。参照是给定模型的预测、外界提供的标准或另一个观察。

（十）预测

预测是利用历史数据找出变化规律，建立模型，并用此模型来预测未来数据的种类、特征等。典型的方法是回归分析，即利用大量的历史数据，以时间为变量建立线性或非线性回归方程。预测时，只要输入任意的时间值，通过回归方程就可求出该时间的状态。

近年来，发展起来的神经网络方法，如 BP 模型，实现了非线性样本的学习，能进行非线性函数的判别。分类也能进行预测，但分类一般用于离散数值。回归预测用于连续数值。神经网络方法预测既可以用于连续数值，也可以用于离散数值。

四、数据挖掘的步骤

数据挖掘是一个完整的、循环反复的过程，包括多个相互联系的步骤。

（一）数据准备

数据准备是从相关的数据源中选取所需的数据，并整合成用于数据挖掘的数据集。数据挖掘是为了在大量数据中发现有用的、人们比较感兴趣的信息，因此发现何种知识就成为整个过程中首个最重要的阶段。数据挖掘人员必须和领域专家以及最终用户紧密协作，确定系统的主题域及其之间的相互关系。在本书编写过程中，作者实地调查走访国内部分高职院校，了解其教育教学情况和质量管理现状，走访与其合作的相关企业，获得大量的数据源，如专业设置评价、理论教学质量评价、实践教学质量评价、班级整体教学过程质量评价、学校整体教学质量的评价、企业对实习生的考核评价等数据，然后从相应的源数据中提取相关数据，并对数据进行集成，将多个数据源中提取的数据存放在统一的数据仓库中。如通过对大量学生信息数据的分析研究，得到它们之间的联系，并且根据研究的需求，确定了学生、课程、教师是高职院校中的三大主题，教师传授课程给学生，学生回报教师以学到的知识，以学生评教和学生成绩为度量值。

（二）数据选择

数据挖掘中的有些数据对挖掘任务是没有意义的，而且多余的数据还可能给数据挖掘产生负面影响。数据选取的目的是确定发现任务的操作对象,即目标数据,它根据用户的需要从原始数据库中抽取的一组数据。

　　数据挖掘人员在教育领域专家的悉心指导下,从经过数据集成的数据仓库中选择出与教学质量评价相关的数据集合,排除无关数据,选择有用的数据信息。比如对专业质量的数据评价,主要根据专业设置和专业培养目标、课程体系和课程结构、科目课程、教学环节、职业关键能力与素质培养、教学环境、产学研合作、师资队伍、学生素质、毕业生就业等 10 个一级指标和 33 个二级指标来选择数据,评价如表 2.1 所示。

表 2.1　专业质量数据选择评价表

主项目	分项目
1. 专业设置和培养目标	1.1　专业设置和专业名称
	1.2　专业培养目标和培养规格
2. 课程体系和课程结构	2.1　课程设置与课程结构体系
	2.2　实践课程与职业证书教育
	2.3　课程开发和课程整合
	2.4　专业培养方案
3. 科目课程	3.1　课程大纲
	3.2　课程范型
	3.3　教材使用和教材建设
4. 教学环节	4.1　教学档案和教学文件
	4.2　考核标准和考核形式
	4.3　教学水平、教学方法和教学手段
	4.4　教学运行和管理
5. 职业关键能力与素质培养	5.1　职业关键能力、素质培养设计
	5.2　职业关键能力、素质培养实施
	5.3　职业关键能力、素质教育改革
6. 教学环境	6.1　教学基础设施
	6.2　实践教学条件
	6.3　专业教学和建设经费
7. 产学研合作	7.1　产学研合作实施
	7.2　产学研合作机制

续表

主项目	分项目
8. 师资队伍	8.1 生师化
	8.2 师资结构
	8.3 师资质量
	8.4 兼任教师
	8.5 师资队伍建设
9. 学生素质	9.1 职业专门技术能力与基本技能
	9.2 必备知识与理论
	9.3 职业键能力与素质
	9.4 职业证书获取率
10. 毕业生就业	10.1 就业指导及毕业生质量反馈
	10.2 初次就业率
	10.3 社会声誉

(三)数据预处理

数据预处理是数据挖掘过程中一个很重要的步骤。主要是对前一步骤选择的数据进行再加工,如消除噪声、消除重复记录、转换数据类型、检查数据的完整性和数据的一致性等,从而提高数据挖掘对象的质量。为了研究方便,往往要将连续的数据离散化,如在本书中将百分制转化成等级制,分为 A、B、C、D、E 五个等级,但是本类考核评价的等级划分不相同,如理论教学质量和实践教学质量的等级划分是有所区别的。如测评人员对教师的某门课程成绩不感兴趣,需要研究的该教师的考核总成绩,就要将各门课程取平均值来得到该教师的总评成绩。

(四)数据挖掘

数据挖掘是整个数据挖掘工作的核心步骤。数据挖掘算法执行阶段首先根据对问题的定义明确挖掘的任务或目的,如神经网络、关联规则或序列模式等。确定了挖掘任务后,就要决定使用什么样的算法。选择算法需要考虑两个因素:一是不同的数据有不同的特点,因此需要选用与之相关的算法来挖掘;二是用户或实际运行系统的要求,有的用户可能希望获取描述型的、容易理解的知识,这时采用规则表示的挖掘方法显然要好于神经网络之类的方法,而有的用户只希望获得预测准确度很高的预测型知识,并不在意获取的知识是否易于理解。

在实践过程中,作者在人工神经网络、关联规则技术、决策树技术等方面做了过多研究,在实践教学质量评价的构建中,用到的是人工神经网络方法;在分析教学评价的过程中,如分析教师评价数据时,使用的是关联规则方法;分析学生三个学期的成绩变化时,使用的是关联规则方法;在找到学生计算机基础成绩的影响因素时,使用的是决策树分析方法。

例如,针对高职院校教学工作中存在的质量评价问题,建立了一个基于神经网络的仿真模型,将方案准备、操作训练、总结报告、考核鉴定作为输入层,实践教学质量作为输出层,建立人工神经网络模型,利用实际数据进行网络的训练和测试。测试结果表明,该模型可以得出数字化的评估结果,可以准确、直观的反映高职实践教学工作的优劣,具有良好的识别精度。同时对人工神经网络在高校高职实践教学工作质量评价的前景进行了展望。

(五)模式评估

数据挖掘过程中发现的模式需要经过评估,去除冗余的或者与挖掘目标无关的模式,或将某个有用的模式转换成用户能够了解的形式。如果发现的模式不能满足本次挖掘的要求,为得到更有用的知识,还需要返回前面的各个阶段,反复进行。本书主要对教师考核评价信息、理论教学质量评价信息、在校学生成绩等进行信息挖掘,提取出隐藏在数据中的有用信息,并对产生的信息进行分析。为全面了解教学运行状态的途径及改进教学管理工作提供重要依据。

第二节 数据挖掘的发展

一、数据挖掘的研究进展

(一)国外数据挖掘的研究进展

在国外,数据挖掘技术已被广泛应用于许多领域。其中一些典型应用如加州理工学院喷气推进实验室与天文科学家合作开发的 SKICAT 系统,该系统的作用是帮助天文学家发现遥远的类星体,是人工智能技术在空间科学和天文学上的首批成功应用之一;生物学研究中用数据挖掘技术对 DNA 进行分析;利用数据挖掘技术识别顾客的购买行为模式,对客户进行分析;银行或保险公司经常发生的诈骗行为进行预测;IBM 公司开发的 AS(Advanced Scout)系统针对 NBA 的比赛数据,帮助教练优化战术组合等。

在学术研究上,人工智能、数据库、信息处理等领域的国际学术刊物也出现了数据挖掘专题或专刊。如 IEEE 的 Knowledge and Data Engineering 会刊领先在 1993 年出版了数据挖掘技术专刊。在互联网上还有不少数据挖掘电子出版物。其中以半月刊 Knowledge Discovery Nuggets 较为权威。另一份较为权威的在线周刊为 DS3(DS 代表决策支持),1997 年 10 月 7 日开始出版。

(二)国内数据挖掘的研究进展

相比于国外,国内对数据挖掘领域的研究则显得稍晚。

1. 数据挖掘的研究现状

我国开展数据挖掘技术的研究是在 1993 年,自然科学基金首次支持中科院合肥分院成立数据挖掘技术研究所,此后,国内掀开了研究数据挖掘研究的序幕,主要研究机构与人员主要是相关专业的大学教授以及一些数据处理研究机构。

近年来,我国对数据挖掘的研究工作高度重视,通过中国自然科学基金等对其进行资金支持,同时,政府创立"九五"计划以及"863"计划对其提供政策支持。

数据挖掘技术的研究引起了我国相关专业人才的普遍关注,并在国内掀起了研究数据挖掘知识技术的理论与实际应用的热潮,其中包括高等学府与科研机构。例如,对于数据挖掘技术的算法计算与改造研究是复旦大学与华中理工大学等高校的研究方向;非结构化数据知识的网页数据挖掘技术是南京大学的主要研究方向;而科研机构以北京系统工程研究院为例,其主要研究方向是数据挖掘技术在模糊信息中的实际应用。

2. 数据挖掘的应用现状

在我国,能够真正应用数据挖掘技术并取得成就的公司包括广州华工明天科技有限公司以及菲奈特-融通企业,其中广州华工明天科技有限公司主要进行多功能数据挖掘设备的研发,而菲奈特-融通企业依赖于数据挖掘软件的发展进行其商业智能套件的研发。

3. 数据挖掘的研究成果

近年来,由于国家政策大力支持,我国数据挖掘技术研究取得了重要性的成果,如在亚太数据挖掘的国际会议中,由南京大学周志华带队的数据挖掘技术研究小组表现突出,同时参与数据挖掘编程大赛并夺得桂冠;同样在亚太数据挖掘国际会议上,中国香港大学的电子商业科技研究院的黄哲学教授的论文获得亚太数据挖掘国际会议论文大奖。

4. 数据挖掘的国内外对比

国内外的数据挖掘技术研究的进程具有很大的差距,不仅表现在相关理论的研究上,更在于对数据挖掘技术的实际应用方面。与国外的数据挖掘技术研究进程相比,我国的研究起步晚,仍然处于发展的初级阶段,并且还没有成熟的理论与技术应用成果,目前的主要研究方向是对于数据的初级处理如模糊化处理,技术尚不成熟。国外关于数据挖掘技术的软件研发发展已经取得瞩目的成就,而国内的软件研发尚不成熟,研究的重心在于高等院校的人才,同时基本上都属于政府资助项目,可能导致对其研究成果要求较低,从而阻碍了研究的步伐。

(三)数据挖掘在我国的未来发展

1. 研究方向展望

随着计算机科学与技术领域的飞速发展,数据挖掘作为一种新兴的学科,其研究热度正在逐渐升温,研究的水平也在逐步提高,同时由于国家政府的政策支持与资金支持,越来越多的数据专业研究者被吸引加入其中。在数据挖掘技术未来的研究过程中,其主要方向应包括以下几点。

(1)参照于 SQL 语言的标准化的研究成果,对数据挖掘技术进行形式化的描述,即发现数据语言。

(2)为实现关于数据挖掘技术人机交互工作的顺利开展,应满足用户对知识发现过程的可视化进程。

(3)研究在计算机领域的数据挖掘技术的发展,可以通过与数据挖掘服务器的有效配合的方式实现。

2. 面临的问题

(1)挖掘方法与人机交互问题。我国数据挖掘技术的发展受限制于挖掘方法,不管是知识类型的限制,还是维度上的限制,都是影响其发展的重要因素。

（2）性能问题。能够有效地解决数据挖掘技术算法中的问题是解决其性能问题的关键，应对其有效性、可伸缩性等问题进行研究，保证其算法能够满足用户的性能要求。

（3）数据类型多样性问题。对于算法复杂的、多维度的数据类型，现有的研究水平很难去解决此类问题，同时对于多跨度的全球化信息技术的挖掘水平仍然落后。

二、数据挖掘在高职教学质量评价体系中的研究现状

（一）数据挖掘在国外高职教学质量评价体系中的研究现状

以法国和德国等几个国家为代表的大陆模式，主要采用变化和偏差分析法，强调教学质量标准从高等教育系统外部开始，外部教学质量评审工作组在整个评价过程中扮演主要的角色；英国教学质量标准则强调学术团队的自我管理；美国教学质量模式是在市场管理机制中发挥作用的，高职院校自行组织教学评价活动。有学者对后两种模式从产生的背景、目的、指标等多方面进行深入的数据挖掘分析，指出了英国的教学模式是保证模式，是在维护传统精英系统之外扩张下产生的；而美国教学模式是认证模式，是在变革传统精英系统之外扩张下产生的。以上情况说明国外大学教学质量保障改革趋向各具有其特色，基本上从实际国情出发选择，从不同角度进行数据挖掘，选择适合自己的教学质量保障制度和教学质量保障评价软件。

（二）数据挖掘在国内高职教学质量评价体系中的研究现状

随着教育信息化的发展、智慧校园的建设以及教育大数据呈指数型增长，教育数据挖掘应运而生，其旨在分析教育环境中为解决教育研究问题而产生的独特数据。教育数据挖掘社区对教育数据挖掘的定义则是："教育数据挖掘是一门新兴的学科，它致力于开发新的方法来探索来自教育环境的独特的且规模日益变大的数据，并使用这些方法来更好地理解学生及其学习环境。"实际上，教育数据挖掘也可以被理解为DM在教育大数据中的应用，这不仅是数字化教育研究的体现，也是教育信息化发展的必然需求，目前有许多基于计算机的学习系统收集大量的教育数据，如学习管理系统（Learning Management System，LMS）、大规模开放在线课程（Massive Open Online Courses，MOOC）和智能辅导系统（Intelligent Tutoring System，

ITS)等,许多论文的研究数据便是来自于此。教育大数据与数据挖掘整合而成的教育数据挖掘受到越来越多的研究者关注。

数据挖掘在教学质量中的应用涉及的领域是计算机科学、统计学、教育学 3 个学科方向相结合的交叉领域,而这 3 门学科两两交叉也形成了基于计算机的教育、数据挖掘与机器学习以及学习分析,这 3 个领域中与教育数据挖掘最相似的是学习分析,二者在研究方向和研究人员上有相当大的重叠。

为了了解教育数据挖掘的研究现状,在 Web of Science 核心合集数据库中以"educational data mining"为主题进行了检索,时间限制为 1995 年至 2018 年,共检索到论文 1 435 篇,并对检索结果进行了简单的统计分析。从图 2.3 的检索结果可知,数据挖掘在 2008 年之前发文量较少,从 2008 年开始有所起色,每年发文量逐年增加,可能是因为 2008 年在加拿大蒙特利尔召开的第一届 EDM 会议吸引了研究者的关注。2012 年发文量略有回落,也许是 Coursera、Udacity 和 edX 三大 MOOC 平台的上线对 EDM 领域有所冲击,但当研究者将该技术应用于慕课这类在线学习平台后,开发出了新的研究方向,使得教育类数据挖掘的研究发文量在之后几年大幅上升,并远超出之前下降的发文量。

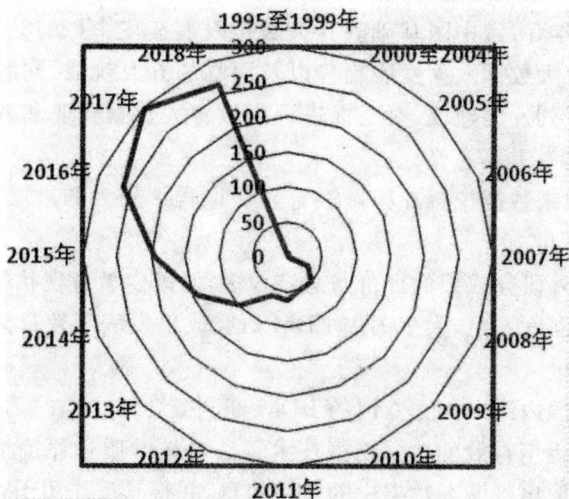

图 2.3　1995—2018 发文量图

数据挖掘在教育领域的应用起步相对较晚,以"数据挖掘＋教学质量评价"为关键词在中国知网进行检索,最早的相关学术论文发表于 2002 年,随后几年该领域论文数量缓步增加。因此可将数据挖掘的发展大致分为三个阶段。

一是萌芽阶段(2002—2012)。随着 Coursera、中国大学 MOOC 等平台和教育信息化的发展,国内的研究规模也开始壮大。李婷等人对 2010 年之前国内外教育领域的研究现状、研究的关键内容以及研究趋势进行了阐述;葛道凯系统梳理了国内外关 E-Learning 数据挖掘的研究进展。

二是兴起阶段(2013—2014)。2013 年大数据时代到来之后,教育大数据作为大数据的子集也开始受到教育领域专家的关注。如徐鹏等人通过对 2012 年美国国家教育部发布的《通过教育数据挖掘和学习分析促进教与学》报告进行了解读,认为已经进入了一个"数据驱动学校,分析变革教育"的大数据时代;陈池等人介绍了教育数据挖(EDM)、学习分析(LA)等大数据技术,并设计了面向在线教育领域的大数据模型,为在线教育领域大数据的研究提供了思路。

三是快速发展阶段(2015 至今)。《中国基础教育大数据发展蓝皮书》中认为 2015 年是"中国教育大数据元年",EDM 领域文献量也开始爆发式增长。如周庆等人主要从不同教育环境介绍了 EDM 的研究成果,并讨论了在大数据时代下 EDM 所面临的机遇和挑战;杨现民等人介绍了教育大数据的特征和发展历程,最后针对当前我国教育大数据发展存在的问题和挑战,提出了六点政策建议。

在 2018 年 5 月《中国基础教育大数据发展蓝皮书(2016—2017)》的发布提出了教育大数据六大发展趋势以及面临的五大挑战,同时也向教育行业提出了一系列发展建议,对于促进国内教育大数据行业和教育数据挖掘的健康发展具有重要意义。

虽然近年来数据挖掘在国内教育领域取得了较大的进展,但总体上仍然存在 3 点不足。

(1)对国外研究成果的评价与总结较多,对国内教育现状的研究较少。

(2)技术深度不足,大多国内 EDM 研究成果发表于教育类期刊而不是技术类期刊。

(3)目前国内还未创立专门的 EDM 期刊或会议。

鉴于此,运用有效的数据挖掘技术算法对教学质量评价指标体系进行数据分析,提取出隐藏在数据中的有用信息,并将其反作用于教学质量评价体系,正是目前面临的一个值得研究的课题。本书将构建以数据挖掘为支撑的评价结构体系,形成科学化、数据化、信息化、网络化,且有实际效用的评价模式。

第三节　数据挖掘的应用

数据挖掘解决的问题,就是从海量的、看起来没有关联的数据仓库中找出有价值的信息,从而指导相关领域的研究。目前,数据挖掘技术已应用到各个领域。下面具体列举其应用。

1. 购物方面的应用

通过分析顾客的购物清单,相关人员可以得出顾客的购物倾向。啤酒和尿布就是一个广泛为人所知的数据挖掘方面的应用。为了方便顾客,超市的工作人员会有意识地将两件看似无关的物品摆放在一起。诸如此类的联系很多,如乒乓球和乒乓球拍的联系,牛奶和鸡蛋的联系等。

2. 通信方面的应用

目前,中国移动与中国电信之间存在竞争的激烈,双方为了抢占市场,各自都在不定期地推出各种套餐来吸引客户。如买话费送电动车、送电器之类的活动。究其原因,都与数据挖掘有关系。他们事先对客户的消费情况进行调查,根据客户的消费意识,最终做出决策。

3. 游戏方面的应用

从世界范围来看,游戏产业占的份额是不可忽视的。据说,在韩国有这样一个现象:最受人崇拜的不是歌星也不是影星,而是技艺高超的游戏玩家。通过数据挖掘技术,游戏制作者可以分析游戏玩家的年龄、社会阶层及对游戏的制作要求等信息,最终制作出一款供玩家认同的游戏。另外,通过统计玩家上线时间来合理利用服务器、维修服务器。

4. 教学质量评价方面的应用

系统通过分析同学们对老师满意度调查表,得出同学们喜欢的老师具有的一般特征,并以此为依据组织教师说教活动,相互学习,共同提高;通过分析同学成绩变化趋势,采取相对应的措施来遏制成绩下滑;通过对课程结构的分析来实施教学改革。

第四节　几种常用的数据挖掘算法介绍

一、关联规则挖掘

1. 频繁项集

寻找频繁项集是一种计数活动。但是与从生成数据集中观测到的项目的加单计数（如今天某超市卖出了100块面包和80袋牛奶）相比，寻找频繁项集稍微有所不同。确切地说，为了找出频繁项集，我们要搜索较大的组中共同出现的项集。可以把这些较大的组视为超市交易或购物篮子，整个活动称作市场篮子分析。如仍然采用超市的类比，在这些篮子中同时出现的物品有时候被视作购买的产品组合。例如，已知一组超市交易，我们可能对篮子中鸡蛋与牛奶的组合是否比黄瓜与西红柿的组合更频繁出现感兴趣。

频繁项集挖掘的目的是发现一组交易中共同出现的有趣项目组合。换言之，如果发现某些组合在多个篮子中频繁出现，则这种挖掘可能很有实用价值。如果发现的频繁项集有些不同寻常或有些意外，那就更加有趣。在频繁项集挖掘中令人满意的规则仍然是经久不衰的传奇故事——"尿布与啤酒"。

"尿布与啤酒"都市传奇故事作为一个励志案例一直很受欢迎。关于关联规则的几乎每本书、每篇文章都用到了它。

出于研究的目的，我们将把尿布和啤酒故事当作一个有用的隐喻，具体说，可以使用这个故事中的术语，帮助定义市场篮子分析（或者频繁项集挖掘）中的3个突出部分。

首先，为了进行市场篮子分析，我们需要一个市场。在这个隐喻中，市场就是真正的超市。

其次，我们需要一个篮子。在这个例子中，篮子就是一次购物交易。有时，我们使用"篮子"一词，有时，也使用"交易"一词。

最后，我们还需要商品（项目）。在这个隐喻中，为了购买，需要把零售商品放入篮子（或交易）中。

只要有了市场、篮子和商品的概念，我们就可能有一个可供挖掘频繁项集的数据集。

但是，市场分析的故事中还隐藏着几个假设，这些影响我们是否能够拥有可挖掘的数据集。

第一，商品和篮子之间应该是多对多的关系。篮子由许多商品组成，一件商品可以出现在许多篮子中。

第二，不考虑商品的数量，不管购买的是3个尿布还是3包尿布，相关的事实都是篮子中有尿布。

第三，某商品可能不出现在任何一个篮子中，但是任何篮子都包含至少一件商品，因为人们对空篮子是不感兴趣的。

第四，篮子中商品的顺序无关紧要。从这个隐喻的角度看，啤酒或者尿布哪个先放进购物篮并不重要。

在市场篮子分析的这个阶段，我们最感兴趣的是找出频繁项集，也就是在篮子中频繁同时出现的项目组。牛奶和面包是可预测的商品组合，但是啤酒和尿布这种组合则不同寻常。

有时候，某些组合因为天气、假日或者地区原因而比其他组合更可能出现。

例1：每年农历八月十五中秋节，为庆祝团圆，人们都会抢购月饼和苹果来祝贺节日。

例2：在美国西部超市中有许多其他地方不太常见的有趣组合，人们同时购买香草威化饼干和香蕉，以便制作可口的甜食香蕉布丁。

可以用集合标记符表示这些项集。

Itemset1＝{mooncake,apple}

Itemset2＝{vanilla wafers,bananas,whipped cream}

有两个项目的项集称为2-项集（或配对），有3个项目的项集称为3-项集（或三元组），以此类推。有时，配对和三元组分别称为"双个体集"和"三个体集"。

2. 迈向关联规则

频繁项集固然好，但是我们的目标是关联规则，关联规则是从频繁项集中经过一些分析计算形成的。如我们感兴趣的是：购买月饼的人有80％的可能性购买苹果。换言之，我们需学习计算几个附加指标，首先是"支持度"和"置信度"的两个指标。

（1）支持度。如果打算寻找频繁项集，那么还需要一种表示在篮子中看到这些组合出现的频繁程度以及这个数量是否可称为"频繁"的字段。如果我们看到90％的篮子中有{香草威化，香蕉}这样的组合，能否认为是频繁的？50％的篮子呢？5％的呢？我们称这一数字为项目的支持度。支持度就是在所有篮子中看到项集的次数。

为了使支持度更有意义,再来讨论"兴趣度",必须设置最小支持阈值。最小支持阈值是对问题领域有意义的百分比(0%～100%),如果将最小支持阈值设置为5%,就意味着如果在所以篮子中至少有5%能发现该项集,则视其为频繁项集。

2-项集的支持度通常用概率标记法书写为

$$support(X{\to}Y) = P(X{\bigcup}Y)$$

换言之,关联规则 $X{\Rightarrow}Y$ 在 D 中的支持度是 D 中事务包含 $X{\bigcup}Y$ 的百分比,即概率 $P(X{\bigcup}Y)$,它是对关联规则重要度的衡量,表示关联规则的频度;$X{\to}Y$ 的支持度等于同时包含 X 和 Y 的篮子的百分比。在本例中,项目 X 可能是香蕉威化,Y 可能是香蕉。为了计算项集的支持度,我们统计同时包含这两种商品的篮子数量,将结果除以篮子总数。如果项集的支持度超过最小支持阈值,则我们认为该项集可能是有用的。

(2)置信度。发现频繁项集之后,我们可以考虑项集中的一个或者多个项目是否会引发其他项目的购买。如知道在购物篮里放入香草威化的顾客中,有60%的人同时购买香蕉,这是很有用的。但是,另一方面,在购物篮中包含香蕉的客户中,可能只有1%的人将购买香草威化。为什么? 因为购买香蕉的人比购买香草威化的人多很多。香蕉常见,可香草威化较少见。所以,购买关系的方向不一定是对称的。

置信度可表示为

$$confidence(X{\to}Y) = P(Y \mid X)$$

上式读作"X 导致 Y 的置信度为已知 X 的情况下 Y 的概率"。

或者还可以写为

$$confidence(X{\to}Y) = support(X{\bigcup}Y)/support(X)$$

$X{\to}Y$ 的置信度是同时包含 X 和 Y 的篮子的百分比除以只包含 X 的篮子百分比。

一旦有了支持度和置信度,我们就可以开始将频繁项集扩展为关联规则了。

(3)关联规则。知道了如何确定某个项集是否频繁出现,也知道如何设置支持度和置信度,就可以从频繁项集中建立可能的关联规则。

关联规则(Association Rules,AR)用于从大量数据中挖掘出有价值的数据项之间的关联关系。

关联规则定义为:假设 $I = \{i_1, i_2, \cdots, i_m\}$ 是一个项目的集合。给定一个事务数据库 $D = \{t_1, t_2, \cdots, t_n\}$,其中每个事务 $t_i(i=1,2,\cdots,n)$ 是 I 的非空子集,即 $t{\subseteq}I$,每一个事务都有唯一的标识符 TID。设 X 是一个项集,关联规则是形如 $X{\Rightarrow}Y$ 的蕴涵式,$X,Y{\subseteq}I$ 且 $X{\bigcap}Y={\Phi}$。

其中,X 和 Y 分别称为关联规则的先导或后继。

举例如下。

香草威化→香蕉,生奶油

[支持度＝1％,置信度＝40％]

这条规则读作:在所有篮子中,有 1％包含香草威化、香蕉和生奶油的组合;在购买小草威化的客户中,有 40％同时购买了香蕉和生奶油。

规则的左侧是确定项,称作先导。右侧是结果项,称作后续。如果切换左侧和右侧项目,则必须计算不同的关联规则,由于香蕉很受欢迎,得到的规则可能是

香蕉→香草威化,生奶油

[支持度＝0.003％,置信度＝5％]

(4)其他定义。

最小支持度(min_sup):表示关联规则的最低重要程度。

最小置信度(min_conf):表示关联规则的最低可靠性。

强关联规则(Strong Association Rule):指满足最小支持度和最小置信度的关联规则。

3. 关联规则的步骤

通常我们通过关联规则挖掘就是要找到上面定义的强关联规则。关联规则挖掘算法主要分为以下两个步骤。

第一步:发现频繁项目集。利用给定的最小支持度,找到所有频繁项目集。

第二步:产生强关联规则。利用给定的最小可信度,找到强关联规则。

由于第二个步骤是在第一个步骤的基础上进行运算的,所以数据量、计算量相对第一个步骤都不大,改进的余地不大,可见,第一个步骤算法的设计是关联规则挖掘研究的重点。

二、寻找频繁项集的方法—以 Apriori 算法为例

寻找关联规则的基础是寻找频繁项集。此后,只需要根据之前找到的计数进计算。帮助我们更快找到的频繁项集的一条重要原则称为向上闭包属性。向上闭包指的是,只有当项集的所有项目都频繁出现时,该项集才是频繁项集。如果项集中包含的项目不是频繁出现的,则计算项集的支持度毫无意义。

了解闭包算法很重要,可以节约许多计算可能项集的时间。在拥有数

十万种商品的商店中计算可能项集的支持度明显不实际！尽可能减少项集的数量对我们绝对有好处，策略之一是利用向上闭包减少项集数量。最具有代表性的算法是 Apriori，此算法是关联规则中比较有影响力的算法之一，它将发现关联规则分成以下两个过程。

第一，找出所有的频繁项集。从给定的数据集中，找到所有的频繁项集，也就是支持度要大于或等于定义的最小支持计数。

第二，由频繁项集产生强关联规则。根据所获得的频繁项集，找出所有规则，再从这些规则中选出置信度不小于最小置信度阈值的规则，即为强关联规则。

由此可得出，Apriori 算法的核心其实就是挖掘其频繁项集。在事务集中，含有 K 个项的项集，称为 K 项集。而项集的出现频率是含有项集的事务数，即项集的频率、支持度计算。如果一个项集的相对频率大于或等于预定的最小支持度阈值，那么称之为频繁项集。其中，有 k 个数据项元素的项集，称为 k-频繁项集，简称为 k-频集。

Apriori 算法具体流程：首先，对整个数据集进行扫描，并对每个项集计数，生成项数为 1 的候选集 C_1，再与最小支持度阈值相比，支持度大于这个阈值的所有项集都是频繁项集，产生 1-频繁项目集；然后使用 Apriori 算法的连接，生成项数为 2 的候选集 C_2，扫描整个数据集并对每个项集进行计数，再与最小支持度阈值相比，如果支持度大于这个阈值，则产生 2-频繁项目集；以此类推，产生候选集 C_k，求出 k-频繁项目集，直到候选集为空，算法结束，进而得到所有的频繁项目集。如图 2.4 所示，是 Apriori 算法的流程图，它是以逐层搜索的迭代方法，产生频繁项集。

在候选项目集产生频繁项集的过程中，根据 Apriori 性质：频繁项集的所有非空子集也必须是频繁的。也就是，每生成的候选项集 C_k 中的一项，如果这个候选项集中的某个非空子集没有在频繁项集 $L(k-1)$ 中，那么这个候选项就不用再和最小支持度阈值进行比较了，而是直接删除。

生成频集的 Apriori 算法描述如下。

/＊频繁项集性质：频繁项集的所有子集都必须是频繁的。＊/

/＊算法描述

1. 连接步：通过 L_{i-1} 自连接产生候选 i-项集 C_i。

2. 剪枝步：C_i 是 L_i 的超集，利用 Apriori 性质，如果一个 i-项集的 $(i-1)$-项集不在 L_{i-1} 中，则该 i 项集从 C_i 中删除。

Apriori 输入：数据集 DB，最小支持度 min_supper

输出：DB 中的频繁项集。＊/

$L_1 = $ find_freq_1-itemset(DB);

```
    for(i＝2；L_{i-1}！＝empty；i＋＋)
  {
      C_i＝Apriori_gen(L_{i-1})；//产生候选集
      for ever trans t in DB {
          C_i＝subset(C_i,t)；
          for ever cand c in C_t
              c.count＋＋;//支持度计数增值
}
Li＝{c in C_i|c.count＞＝min_supper}//提取频繁k-项集
}
return L＝set of  L_i
procedure Apriori_gen(L_{i-1})
    for ever itemset L_1 in L_{i-1}
        for ever itemset L_2 in L_{i-1}
        if(L1[i]＝＝L2[1])&&(L1[2]＝＝L2[2])&&….&&(L1[i-
        2]＝＝L2[i-2])
        &&(L1[i-1]＜L2[i-1])
then
{
            c＝join(L_1,L_2)；//连接：产生候选集
            if has_freq_subset(c,L_{i-1})then
                delete c;//剪枝：移除非频繁的候选项目
            else
                c＝c＋C_i；
    }
return C_i；
procedure has_freq_subset(c,L_{i-1})
    for ever(i-1)-subset s of c
        if s not in L_{i-1} then
    return 1；
        else
          return 0；
}
```

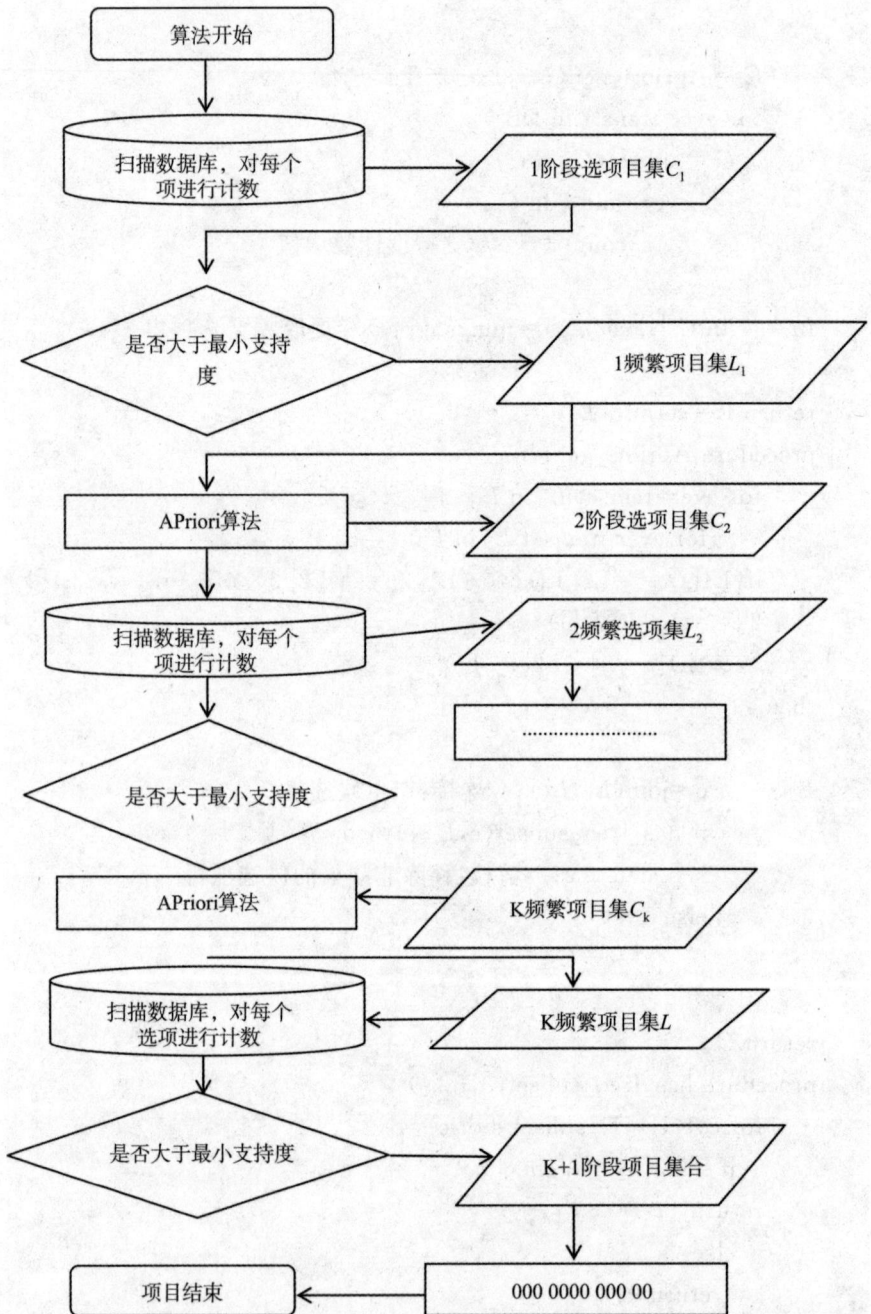

图 2.4　Apriori 算法的流程图

三、决策树算法

决策树(Decision Tree)是通过一组无次序、无规则的实例,推测决策树表现形式分类规则的一种归纳学习方法。决策树实际上就是一个树形结构,与平常人们所画的流程图存在许多相似之处。当中每个分支节点都对应属性的某个特定数值,从根节点到叶节点的每条路径都是目标变量的一条规则。所以实际上整个决策树所要表达的就是一组析取表达式规则。

1. 决策树的建立

决策树的生成是一个训练集逐步求精、逐步分裂的过程。分裂的过程自上而下,从树根往下逐步生长。首先根据某种分裂属性作为评价准则,把原始样本数据集中的最优属性作为根节点分裂属性。同时选择相应分裂属性的最优分裂点作为树枝分叉的边界。然后根据选择的分列属性和分裂点将初始样本集划分为几个互不相交的子集,构成不同的分支节点。再对生成的每一个子节点采用同样方式进行分裂,直至生成全部的叶节点为止。

2. 属性选择度量

属性选择度量是一种选择分裂准则,在决策树构建过程中占据核心地位。决策树 ID3 算法使用的是"信息增益"作为属性的选择度量。信息增益的定义如下。

设 S 为 $|S|$ 个数据样本的集合,m 为不同类的 $C_i(i=1,2,\cdots,m)$,其期望值。

$$I(S_1,S_2,\cdots,S_m) = -\sum_{i=1}^{m} p_i \log_2(p_i)$$

$$E(A) - \sum_{J=1}^{V} \frac{s_{1j}+\cdots+s_{mi}}{s} I(s_{1j},s_{2j},\cdots,s_{mj})$$

其中,P_i 为 C_i 中任意样本的概率,$p_i = \frac{s_1}{s}$ 划分为子集的熵或信息期望值。

将属性 A 划分为 V 个不同值 $\{a_1,a_2,\cdots,a_v\}$,属性 A 把 S 划分为 V 个子集 $\{S_1,S_2,\cdots,S_v\}$,S_{ij} 为了集 S_j 中类的 C_i 的样本个数,则划分的子集的信息期望值或熵为:

$$E(A) = \sum_{j=1}^{v} \frac{s_{1j}+s_{2j}+\cdots+s_{mj}}{s} I(s_1,s_2,\cdots,s_{mj})$$

在 A 分枝节点中的信息增益为

$$Gain(A) = I(s_1, s_2, \cdots, s_m) - E(A)$$

决策分类分析的目标是挖掘系统信息,使系统向有规则、更加有序的方向发展,在对节点划分中选择增益最大的属性。

本章主要讲述本书研究过程中用到的数据挖掘理论与技术,以及数据挖掘在高职教学质量评价中的研究现状;详细介绍了数据挖掘中的关联规则技术和决策树的基本理论与技术,包括 Apriori 算法和决策树的建立、属性选择度量方法,为后续数据挖掘在高职教学质量评价中的案例分析奠定了基础。

第三章 高职教学质量现状的调查研究

本章采用问卷调查法,一是从培养目标、生源质量、"双师型"师资队伍、课程体系、教学模式、教学方法、实践教学、教学管理等共性的影响因子展开高职院校教学质量现状的调查研究;二是针对目前高职校企合作过程中存在的学校和企业一头热一头冷的现象,以医药类企业为例,对企业参与职业教育的现状进行调查。该项调查的目的是找出影响高职教学质量发展瓶颈的主要原因,并为下一章教学质量评价体系的构建奠定基础。

调研目的在于对影响高职教学质量的因素做细致的理论探讨,通过采用网上调查和实地调查相结合的方法,从培养目标、生源质量、"双师型"师资队伍、课程体系、教学模式、教学方法、实践教学、教学管理等共性的影响因子展开高职院校教学质量现状的研究,找出影响高职教学质量发展瓶颈的因素,力求提出一种对高职院校教学质量管理实践的指导性思路。

调研对象包括对国内高职院校的领导、教师、学生和医药行业企业负责人,了解到影响高职院校教学质量的现状问题及校企合作过程中不同的利益诉求,为设计调查问卷和下面的对策研究做好了铺垫。因此,问卷分为《高职院校教学质量影响因子问卷调查(教师卷)》(见附录1)、《高职院校教学质量影响因子问卷调查(学生卷)》(见附录2)和《高职院校教学质量影响因子问卷调查(企业卷)》(见附录3),发放给符合调查条件的相关人员填写。

下面从两个方面分别做调研分析:一是对国内高职院校师生的调研情况做汇报;一是对校企合作单位的调研情况做汇报。

第一节　高职院校教学质量现状调查研究——院校调研

一、调研方案的设计

(一)研究假设

针对高职传统教学质量中普遍存在的"评价标准模糊化,方法单一化""碎片改革多,系统构建少"等问题的现象,为了找出提高教学质量的有效途径,该研究做出如下假设。

假设一:高职院校培养目标是否定位准确,整体培养目标、专业培养目标和课程培养目标是否服务于高职教育的目的,明确是影响高职教学质量的首要问题。

提高教学质量,首先要培养目标定位准确,高职院校整体培养目标、专业培养目标和课程培养目标要服务于高职教育。但从目前看,高职培养目标定位较抽象模糊,存在着转化不深入不全面的问题,只是将高职教育目的简单套用在培养目标上。

假设二:高职院校的学生生源质量、师资水平对高职教学质量的提高产生重大影响。

(1)高职学生生源质量。高职学生的学习自信心、学习兴趣、学习能力、学习积极性、自我管理能力等都是高职教学质量中的较为关键的影响因素。而目前高职学生在学习过程中大多存在得过且过的现象,更多的是被动的接受教师对知识的讲解,缺乏学习的自主性。

(2)高职教师师资水平。高职院校要想培养出优秀的应用型技能人才,提高师资队伍质量。较高的师资水平能够提高教书育人的质量,师资水平越高,教师的主导地位才会发挥越好,教学质量才能得到提高。而目前高职院校师资队伍结构还不够合理,专兼职结构、学历结构等还不能很好地满足教学需要。

假设三:课程体系、教学模式、教学方法、实训教学条件是影响教学质量的重要因素。

(1)高职院校课程体系。在教学改革中,教学内容和课程体系的改革是重中之重,它直接反映教育目的和人才培养目标,是实现人才培养模式的载体。由于高职教育还不是很成熟,因此高职课程体系更多的是选择普通高等教育的课程体系,但高职教育的职业性决定其课程应以技能为主线,学科本位显然是不相符的。

(2)教学模式和教学方法。教学模式是在一定教学思想或教学理论指导下建立起来的较为稳定的教学活动结构框架和活动程序。教学模式和教学质量有一定的内在联系,对教学质量的提高起着牵动作用。而目前,教师仍然采用传统的整齐划一的教育模式,未根据不同的情况采取不同的教育方式。教学方式也比较单一,缺乏教学方式的多样化与现代化。

(3)实训教学条件。原教育部高教司副司长葛道凯博士指出:"突出实践,包括两个方面,即重视实践环节和重视学生动手能力、创新能力的培养"。然而,当前我国高职实践教学中存在的问题还不少。目前普遍存在实践教学硬件不能很好地满足教学需要,实践教学的整合力度不够等问题。

假设四:教学管理到位是提高教学质量的有利保障。

教学管理是运用管理科学和教学论的原理与方法,充分发挥计划、组织、协调、控制等管理职能,对教学过程各要素加以统筹,使之有序运行,提高效能的过程。教育行政部门和学校共同承担教学管理工作。只有教学管理到位,教学工作才能有序开展或进行。而目前存在教学管理程序不够严密、管理机构职责不够明确、透明度不高、信息沟通缺乏通畅性等现象。

(二)调查内容的设计

为了编制出真实有效的问卷,预先做了访问和资料的收集,在查阅相关文献归纳和总结了影响教学质量的因子后,最终完成了调查问卷的设计。问卷分《高职院校教学质量现状调查研究(教师问卷)》和《高职院校教学质量现状调查研究(学生问卷)》,从培养目标、生源质量、"双师型"师资队伍、课程体系、教学模式、教学方法、实践教学、教学管理等共性的影响因子展开高职院校教学质量现状的研究。

1. 教师问卷

教师问卷主要发放给高职院校的教师和管理人员,从教师的角度来回答影响教学质量的相关问题,问卷包括如下内容。

(1)基本情况调查:调查内容包括人才培养的定位、学生学习能力、学生学习、"双师型"师资队伍学历、职称、性别、年龄、教龄、教科研情况等。

(2)意见调查:主要让高职院校教师对学校的长远发展提出意见和建议。

调研的主要目的是调查学院培养目标是否准确定位,师资数量和质量是否达到办学要求,学生学习能力以及课程体系现状、教学模式等是否影响高职教学质量的提高。

2. 学生问卷

学生问卷主要发放给高职院校的学生,从学生的角度来回答教学的相关问题,问卷包括如下内容。

基本情况调查:学生的学习能力、学习兴趣、教师教学态度、教学内容处理与组织、教材满意度、教学管理满意度等。

意见调查:主要对高职院校教学质量的长远发展提出意见和建议。

调研的主要目的是调查高职院校的学生生源质量、实践教学、教学管理状况对高职教学质量的影响程度。

二、调查的实施

(一)调查样本的选取和问卷的发放

1. 调查对象的选取

(1)样本整体性描述。本研究对象是高职院校,全国共有 13888 所高职院校承担着培养高素质技能型专门人才的任务①。鉴于目前高职院校较多分布较散、办学形式多样且网上爬取的信息可能有偏差,考虑到取样的方便性及代表性,2018 年 3 月至 6 月期间,在全国随机选取 6 所高职院校作为样本。

(2)样本基本情况描述。在高职院校样本选择上,本研究尽量选择有特殊专业行业背景的院校。问卷主要包括学生问卷和教师问卷,学生调查的范围涉及不同的年级、性别和专业,教师调查的范围涉及不同年龄、专业、性别、教龄、学历等多个方面。问卷的设计均包括两个部分,即封闭式问卷和开放式问卷。封闭式问卷主要围绕教学活动各个环节设计,开放式问卷则主要调查高职院校教学质量的状况及改进。在调查专业的选择上,力图覆盖目前高职教育的主要大类专业②,因此本问卷调查结果具有一定的普遍性,同时也可为高职教育管理提供可靠的参考。

---

① 2017 年具有普通高等学历教育招生资格的高职(专科)院校名单(13888 所)。

② 专业参照《普通高等学校高职高专教育指导性专业目录(试行)》。

本研究实地调查了山西药科职业学院、晋中职业技术学院（以下简称晋中职业学院）、山西财贸职业技术学院（以下简称财贸职业学院）的学生和教师，网上调查了上海农林职业技术学院（以下简称上海农林职业学院）、北京科技职业技术学院（以下简称北京科技职业学院）、天津电子信息职业技术学院（以下简称天津电子信息职业学院）的部分学生和教师。笔者以高职院校教师的身份在调研学校随机展开本次调查，调研过程中各个单位和部门积极配合，调查进展顺利可信度较高，样本选取科学且具有代表性。

2. 问卷的发放

本次调研对山西药科职业学院、晋中职业学院和财贸职业学院采用现场发放、现场回收问卷的形式，共计发放学生问卷 1000 份、教师问卷 350 份，回收学生问卷 982 份、教师问卷 348 份，除去无效学生问卷 2 份和教师问卷 3 份，有效学生问卷 980 份、有效教师问卷 345 份，回收学生问卷的有效率是 98.2%，回收教师问卷的有效率是 99.4%，有效学生问卷占总数的 98%，有效教师问卷占教师问卷总数的 98.6%。其他三所高职院校采用网上调查的方式，学生问卷 421 人作答，教师问卷 260 人作答。

（二）调查样本的统计

1. 教师样本的构成

本次调查学校受访者主要来自国内 6 所高职院校中的 605 名教师和招生就业办主任、教务处处长、学生处处长等管理人员。被检查教师分布情况如表 3.1 所示。

表 3.1 被调查教师院校分布状况表

学校	山西药科职业学院	晋中职业学院	财贸职业学院	上海农林职业学院	北京科技职业学院	天津电子信息职业学院	总计
人数（人）	173	82	90	102	88	70	605
比例（%）	28.6	13.6	14.9	16.9	14.5	11.5	100.0

2. 学生样本的构成

本次调研针对国内 6 所高职院校中的 1401 名在校生和实习生进行了问卷调查。被调查学生院校分布状况如表 3.2 所示。

· 43 ·

表 3.2   被调查学生院校分布状况表

学校	山西药科职业学院	晋中职业学院	财贸职业学院	上海农林职业学院	北京科技职业学院	天津电子信息职业学院	总计
人数（人）	492	245	243	149	121	151	1401
比例（%）	35.1	17.5	17.3	10.6	8.7	10.8	100

三、高职院校教学质量调查结果分析

本研究重点对有代表性的 6 所高职院校的教师和学生进行了教学质量的现状调查，运用 SPSS(Statistical Product and Service Solutions)22.0 软件就培养目标、生源质量、"双师型"师资队伍、课程体系、教学管理及实践教学等因子进行统计分析，认为这 6 所高职院校教学质量普遍较高，但也不乏存在问题。

(一)高职院校培养目标现状

我国高职人才培养目标经历了"高等专门人才""高级技术员""高等应用型专门人才""高级实用技术、管理人才""高等技术应用性专门人才""生产、服务、管理第一线需要的实用人才""实用型人才"等的演变，高职教育人才培养目标的演变表明高职教育人才培养目标越来越接近社会发展，并获得更多的社会关注，同时高职教育的地位也越来越得到提高。

对于接受高职教育的主要目的，大多数人的回答是为了掌握专业技能和提高专业素养，其次是为了就业，还有少部分是被家长强迫的而自己本身并没有这方面的兴趣(图 3.1)。通过与学生的访谈来看，80%的学生基本了解高职教育的培养目标，但更多的只是浮于表面的文字表述，对于高职教育的培养规格并没有一个很好的理解。可见，高职学生对于学校把自己培养成什么样的人还是很关注的，只是关注度还不够深入。

在与被调查教师访谈的过程中发现，许多人认为目前高职教育对于人才培养有一个较好的定位，但将高职教育目标转化为学校培养目标时，由于诸如办学条件、政策文件的领悟及教学实际情况等因素的影响，还存在不少问题，主要表现为转化不全面、不深入；重终结性目标，轻过程性目标；重要性不够突出；有些高职院校还没有明确目标等。同时现在工作竞争和压力都很强，如果不及时提高技能、加强专业素养，将会赶不上新时代对高职人才的需求。

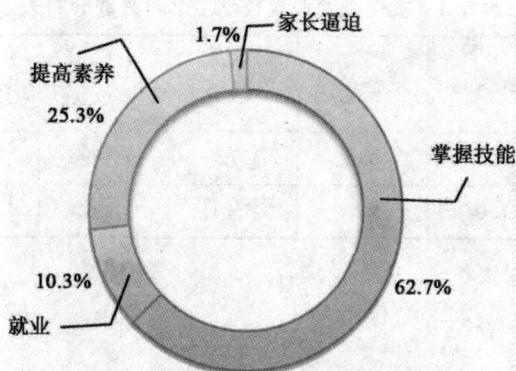

图 3.1　高职生接受高职教育的目的结构图

通过对 6 所高职院校整体培养目标和专业人才培养目标的比较,可以明确当前我国高职院校培养目标存在一个共同,点即培养技能型人才,其人才培养规格主要包括知识、能力和素质;但同时也发现其培养目标抽象,不够具体,概述较模糊。

(二)高职院校生源质量现状

高职学生大多为普通高等院校选拔后剩余的学生,还有些是对口升学考试选拔、自主招生的学生。由于社会对其认可程度不高、就读学校级别不高、已有对其偏见等原因使得他们在学习能力、学习兴趣等方面表现出一些不尽人意的地方(表 3.3,表 3.4)。在高职院校教学质量教师问卷中,59.7%的教师认为生源质量差是造成高职教学质量不高的主要原因。同时在与被调查院校教师交谈的过程中发现高职学生在学习兴趣、学习积极性、课堂纪律、学习方法等方面也存在着问题。

表 3.3　被调查高职院校学生学习能力分布表

分类	学习能力很强	学习能力较强	学习能力一般	学习能力不太强	学习能力差	总计
人数(人)	135	164	859	226	17	1401
比例(%)	9.7	11.7	61.3	16.1	1.2	100.0

表3.4 被调查高职院校学生学习兴趣分布表

分类	很感兴趣	较感兴趣	兴趣一般	不怎么感兴趣	没兴趣	总计
人数(人)	98	384	772	106	39	1401
比例(%)	7.0	27.4	55.1	7.6	2.8	100.0

(三)高职院校师资现状

1. 高职院校师资整体状况

师资是影响教学质量的关键因素。《高职高专院校人才培养工作水平评估方案(试行)》文件要求高职院校生师比介于 16 : 1～18 : 1,低于或等于 16 : 1 为优秀,大于 18 : 1 为不合格。在调查中发现,目前高职院校教师数量基本能满足达到办学要求(表3.5)。但教师增长速度跟不上学生增长速度,且教师在教育教学理念、方法手段、自身修养等方面与新理念相比有一定的滞后。

表3.5 被调查高职院校生师比例表

学校	山西药科职业学院	晋中职业学院	财贸职业学院	上海农林职业学院	北京科技职业学院	天津电子信息职业学院	总计
教师数(人)	309	570	246	220	2000	280	3625
学生数(人)	4585	10000	3170	3800	35000	5100	61655
生师比(：)	14.8 : 1	17.5 : 1	12.8 : 1	17.3 : 1	17.5 : 1	18.2 : 1	17.1 : 1

2. 高职院校"双师型"师资队伍结构现状

高职教育的职业性决定了高职院校师资队伍的"双师型",本调查主要从双师结构、学历结构、职称结构、年龄与教龄结构等方面展开分析。

(1)"双师型"师资队伍。通过对高职院校教师是否双师进行调查,梳理统计结果发现目前高职院校"双师型教师"占被调查教师总数的 57.3%,专任教师占被调查教师总数的 73.8%,实现了"双师型"教师和专职教师兼有师资队伍。

（2）"双师型"师资队伍学历结构现状。通过对 6 所高职院校教师第一学历调查结果的统计分析，发现目前高职院校师资队伍中 71.2% 具有大学本科学历且为第一学历，中专学历和大专学历的只占 9%，但同时也发现只有 19.8% 第一学历为硕士研究生。比较被调查高职院校师资队伍最终学历的结果可发现，研究生学历比例已获得了提高，达到了 58.9%，大学本科学历比例和大专学历比例降低，没有中专学历教师。可见师资队伍学历结构是发展变化的（表 3.6）。

表 3.6　被调查高职院校师资队伍第一学历结构和最终学历结构对比表

学历	第一学历		最终学历	
	人数（人）	比例（%）	人数（人）	比例（%）
硕士	120	19.8	356	58.9
本科	431	71.2	245	40.5
大专	35	5.8	4	0.6
中专	19	3.2	0	0.0
总计	605	100.0	605	100.0

（3）"双师型"师资队伍职称结构现状。通过对高职院校教师职称结构调查结果的统计发现，目前高职院校师资职称结构主要集中在助教（30.6%）和讲师（39.1%）这两个层次。这一方面说明高职院校教师的增长主要集中于高等教育的扩招；另一方面说明目前高职院校师资职称结构基本符合正态分布（表 3.7）。

表 3.7　被调查高职院校师资队伍职称结构分布表

职称	教授	副教授	讲师	助教	教员	总计
人数（人）	13	72	237	185	98	605
比例（%）	2.2	11.9	39.1	30.6	16.2	100.0

（4）"双师型"师资队伍年龄与教龄结构。通过对师资队伍性别、年龄与教龄的统计发现，目前高职院校师资队伍中女教师仍然占有一定的优势（表 3.8），青年教师和年轻教师占很大比重，其中青年教师（30 岁以下）占 46.4%，年轻教师（30~50 岁）占 50.8%（表 3.9，表 3.10），青年教师实践教学经验相对不足，尽管入职后有师带徒等形式的学习或培训，但由于时间和经验的原因，也会在一定程度上给教学带来不良影响。

表 3.8 被调查高职院校教师性别结构表

性别	男	女	总计
人数（人）	224	381	605
比例（%）	37.1	62.9	100.0

表 3.9 被调查高职院校师资年龄结构表

年龄	小于 30	30 到 40	41 到 50	51 到 60	总计
人数（人）	281	151	156	17	605
比例（%）	46.4	25.0	25.8	2.8	100.0

表 3.10 被调查高职院校师资教龄结构表

教龄	5 年以下	5～10 年	11～15 年	16～20 年	20 年以上	总计
人数（人）	215	160	76	106	48	605
比例（%）	35.6	26.5	12.5	17.5	7.9	100.0

3. 高职院校"双师型"师资队伍教学的现状

通过对高职院校教师教学态度、教学内容处理与组织、参与教改科研三个角度来说明师资队伍教学现状。

（1）高职院校"双师型"师资队伍的教学态度。教学态度主要从上课时间把握程度、上课规范化程度两个指标来分析，调查结果显示目前高职院校师资队伍教学态度基本端正规范意识较强，得到学生的普遍好评（表 3.11）。

表 3.11 被调查高职院校师资教学态度情况分布表

教学态度	上课时间的把握程度		上课规范化程度	
	人数（人）	比例（%）	人数（人）	比例（%）
很好或很规范	130	21.5	342	55.5
较好或较规范	355	58.6	145	24.7
一般	76	12.5	114	18.9
不太好或不太规范	45	7.4	2	0.4
差或不规范	0	0	2	0.4
总计	605	100.0	605	100.0

（2）高职院校"双师型"师资队伍的教学内容处理与组织。教学内容主要从教学内容的讲解程度、教学内容的组织两个指标来分析,调查结果显示目前高职院校师资教学内容处理与组织能力相对较高,一定程度上可以满足高职课堂教学的需要(表3.12)。

表3.12　被调查高职院校师资教学内容处理与组织情况分布表

教学内容处理与组织		很好或很准确	较好或较准确	一般	不太好或不太准确	差或不准确	总计
教学内容的处理	人数(人)	67	295	189	42	12	605
	比例(%)	11.1	48.7	31.2	7.0	2.0	100.0
教学内容的组织	准确度 人数(人)	97	267	200	39	2	605
	准确度 比例(%)	16.1	44.1	33.0	6.4	0.4	100.0
	条理度 人数(人)	97	256	223	28	1	605
	条理度 比例(%)	16.1	42.3	36.8	4.6	0.2	100.0

（3）高职院校"双师型"师资队伍参与改革科研情况。通过对高职师资队伍参与教改科研情况的调查结果梳理,发现目前高职院校师资科研意识薄弱,科研能力相对较弱,有待进一步的提升(表3.13)。

表3.13　被调查高职院校教师参与教改科研情况表

参与教改科研情况	一直参加,且有国家级成果	经常参加,且已有省级成果	参加且已有校级成果	偶尔参加,目前还没有成果	没有参加	总计
人数(人)	22	83	56	212	232	605
比例(%)	3.6	13.7	9.3	35.1	38.3	100.0

4. 高职院校课程体系现状

长期以来,我国高职课程体系从教育要求出发,以学科体系作为课程开发的逻辑点,偏重理论和基础内容,过分强调学科体系的系统性、完整性。有学者把其归纳为十重十不重,即重知识不重能力;重理论不重实践;重科技不重人文;重继承不重创新;重技术不重素质;重智商不重情商;重共性不重个性;重"教法"不重"学法";重确定性内容不重视不确定性内容;重记忆性内容不重视分析性内容。目前各主要高职院校正在开展高职教育课程体系的改革,努力尝试创建实践导向的课程体系、工作任务导向的课程体系等,但总的来讲改革力度还不够大。

教材是课程的主要载体,本研究通过分析高职教材使用情况的调查结果,发现目前高职学生对教师授课所选教材基本满意,普遍认为讲课内容与教材吻合性较高,但对教材内容评价较低(表3.14,表3.15)。

表 3.14　被调查高职院校教材质量满意度分布表

对教材满意度分布	很满意	较满意	一般	不太满意	不满意	总计
人数(人)	36	471	553	296	45	1401
比例(%)	2.6	33.6	38.2	21.1	4.4	100.0

表 3.15　被调查高职院校教材对学生知识、能力、素质结构作用分布情况表

作用情况分布	很大作用	较大作用	一般	作用不太大	没作用	总计
人数(人)	142	381	612	262	4	1401
比例(%)	10.1	27.2	43.7	18.7	0.3	100.0

5. 高职院校教学模式及教学方法情况、现代化教学手段运用情况

通过对高职院校教学方法情况统计,发现目前只有5%认为教学方法很灵活,27%认为较为灵活,44.5%认为教学方法很一般,还有9.5%认为教学方法很单一,缺乏灵活性。在现代化教学手段使用情况调查中发现55.2%认为使用现代化教学手段较多,但是现代化教学手段的渗透力度还不够。

调查中发现,主要采用定性的方法评价教学质量,结果很简单,只有好、不好或很好、好、一般、不太好、不好等的评价。这种评价一方面没有较为科学的依据,更多的是凭借个人的喜好或者印象来评价,结果具有很强的主观性。它具体主要从教师听课、学生测评、学生成绩分析等方面进行教学质量监控,只能适应传统的教学模式。

6. 高职院校教学管理现状

综合高职院校教学质量调查问卷结果和教师的访谈发现,各高职院校基本上质量方针明确,组织机构健全,但过程管理薄弱,以计划执行为主,欠缺随机处理教学中的问题和及时总结,管理职责不甚清晰,各部门协调衔接较差,但教学活动是由诸多教学环节和要素构成的,需要各部门的密切协作。同时发现,高职生对其学校教学管理程序、管理机构职责、校园文化的

了解程度不是很高(表 3.16),这既是学生缺乏主体性的一种表现,也是高职院校教学管理发展的一种趋势。

表 3.16　高职院校学生对教学管理相关情况了解程度分布表

了解情况分布		很了解	较了解	一般	不太了解	不了解	总计
教学管理程序了解程度	人数(人)	62	279	451	474	135	1401
	比例(%)	4.4	19.9	32.2	33.8	9.7	100.0
教学管理机构及职责了解程度	人数(人)	62	181	510	387	261	1401
	比例(%)	4.4	12.9	36.4	27.6	18.7	100.0
校园文化了解程度	人数(人)	42	245	502	412	200	1401
	比例(%)	3.0	17.5	35.8	29.4	14.3	100.0

7. 高职院校实践教学现状

本调查从实践教学基地硬件建设满意度、学生参与实践教学的情况、实践教学内容选择的依据、实践指导教师对实践教学的指导、实践教学基地管理、实践教学效果满意度等方面展开。通过对调查结果的统计,发现只有2.8%认为实践教学质量很好,26.2%认为实践教学质量还好,54.1%认为实践教学效果一般,还有 5%认为实践教学质量很差。目前高职实践教学基本能满足学生实践技能习得的要求,但是在实践教学内容选择、实践教学基地管理等方面还需进一步加强。

四、小结与讨论

以上分析结果显示,高职院校培养目标、学生生源质量、师资水平、课程体系、教学模式、教学方法、实训教学条件、教学管理水平等显著影响教学质量的提升,验证了本研究的理论假设。本次调查可以从教学质量影响因子分析高职院校教学质量中存在的问题,并展开高职院校教学质量问题的外因与内因的分析。

(一)高职院校教学质量存在的问题

1. 培养目标定位抽象模糊,培养规格有待进一步深化

(1)培养目标定位模糊,在教学实践中指导缺乏明确性。目前,高职院校整体培养目标、专业培养目标和课程培养目标基本上是服务于高职教育目的的,符合培养目标确定的方向。但培养目标定位较抽象模糊,存在着转化不深入、不全面的问题,只是将高职教育目的简单套用在培养目标上。因此,将培养目标具体化为培养规格时,很难将知识、能力和素质结构划分明确。这样最终导致在学院整体教学、专业教学及课程教学中对教学工作指导不明确的问题。

(2)注重理论知识和技能的掌握,忽视素养的全程性。高职教育是以培养实用型人才为目的的,其典型特点是高等性和职业性。时代的发展和素质教育的提倡,对高职教学培养目标实用型人才提出了新的要求,即要注重培养学生的专业素养和职业素养,要将素养教育贯穿于人才培养的始终。

但在教学实践中往往非此即彼的把复杂问题简单化、线性化的现象,把高职院校培养目标机械化、简单片面化,过分强调高职学生学习理论知识、忽视实践技能的习得,即便强调高职学生技能的习得,也忽视高职学生素养的养成。

2. 高职学生生源质量不高,素质有待进一步加强

目前高职学生生源质量不高,学习自信心、学习兴趣、学习能力、学习积极性、自我管理能力等方面都不能很好地满足学习型社会的要求,这些问题也是高职教学质量中的一个较为关键的问题。

3. "双师型"师资队伍结构欠缺合理性,整体水平有待进一步提高

(1)"双师型"师资队伍结构不够合理,领导重视度不够。目前高职院校"双师型"师资队伍结构还不够合理,专兼职结构、理论教师与实践教师结构、学历结构等还不能很好地满足教学需要,需要进一步优化,但却存在一个领导重视度不够的现实问题。由于部分对高职教学质量的偏见,认为规模就是质量,因此只是一味地扩大招生规模,尽可能地减少投资,对于教师的发展也只是随其自然的态度。

(2)"双师型"师资队伍整体水平不高,忽视师资职后在岗培训。"双师型"师资队伍整体水平的提高是一个渐进的过程,是在不断地学习、不断地积累经验的基础上逐步提高逐渐形成的,其中教师在岗培训尤为重要。但在调查中发现68.5%的人参加过培训,其中还有相当一大部分是接受成人教育或研究生教育的培训,还有31.5%的人没有参加过任何形式的在岗培训,这对于教师的职后成长是很不利的。

4. 课程体系仍强调学科本位,内容结构缺乏合理性

(1)讲究课程体系学科本位,过于注重课程的系统性。由于高职教育还不是很成熟,因此高职课程体系更多是选择普通高等教育的课程体系,但高职教育的职业性决定其课程应以技能为主线,但现实却是学科本位。学科本位注重的是知识体统的完整性,而技能为主的课程体系更强调技能的习得过程。因此学科本位的课程体系对于高职教育的发展本身就是不利的。

(2)必修课限制过多,选修课程弹性不足。当前高职院校教学中,将必修课放到很重要的地位,并给其限制很多,而忽视选修课程,认为选修课可有可无,没有很好地处理好必修课与选修课的关系。而选修课的开设更多是为学生整体素养的提高服务的,是符合16号文件要求的。

(3)运用传统教材较多,对教材改革力度不大。目前许多高职院校仍然较多运用传统教材,尽管也提倡教材改革,尤其是实训教材改革。但事实上更多地是将教材改革流于口号,对于教材的改革不是简单套用一种新提法,就是换一种排版形式,更多的是编辑教材,没有很好地考虑学生的实用性及学生的实际情况。

5. 教学模式单一,教学方法缺乏多样化、现代化

(1)教学进度整齐划一,需创造条件实施分层教学。在高职院校教学质量教师调查问卷分析中发现,30.6%的教师认为同班教学应有统一的教学进度,在学生问卷中选择教师在班内按同一进度教学的达到50.8%,10.1%的教师认为应改变传统的整齐划一的教育模式,根据不同的情况采取不同的教育方式。教师对学生群体的关注也由只重视优秀学生转变为关注所有学生(选择关注所有学生的比例为43.5%),但真正将分层教学理论应用于高职教育还需各方共同努力。

(2)教与学各成体系,缺乏有效的师生互动。在与被调查高职院校教师访谈及作者个人从教经验中发现,目前学生参与教学互动的并不多,更多的表现为教师的"教"与学生的"学"各成体系,相互脱节。这不仅对于提高高职教学质量没有益处,对于学生以后的发展也是不利的。

(3)教学方式比较单一,缺乏教学方式的多样化与现代化。调查结果显示目前高职院校教学中传统的注入式教学仍然占主导地位,对于课堂讨论与经验交流、理论学习与实践操作、参与学习与电视教学、教师讲授与学生参与的情景转换式教学等教学方式,缺乏探索性的研究与应用。

6. 教学管理程序不够严密,对教学工作的正常开展造成一定的困难

(1)管理机构职责不够明确,透明度不高,信息沟通缺乏通畅性。在与被调查高职院校教师交谈的过程中发现,高职院校机构或部门存在职责不够明确、透明度不高,及由此引发的部门之间相互扯皮、教学信息沟通不畅等问题,这在一定程度上影响教师的情绪及教学进度,进而影响学校正常的工作。

(2)学制单一,缺乏多样化、灵活化的学制。高职院校学生水平差距的增大要求教学组织形式适应因材施教的需求,实现学习过程的个性化,为每一个学生都能成才创造条件。实践证明,打破传统的固定学年制,实行学分制、弹性学制是当前教学管理模式改革的一个重要突破点。在2002年7月召开的第四届全国职业教育工作会议上,明确把实行学分制、弹性学制作为今后一段时期职业教育教学管理模式改革的一个重要工作内容。

在调查中发现,真正给学生提供灵活开放的个性化学习制度的学校还是较少,只占被调查学校的16.5%,因此在高职院校中亟待启动教学管理制度改革。

7. 实践教学体系不够完善,实践教学水平有待进一步提高

原教育部高教司副司长葛道凯博士指出:"突出实践,包括两个方面,即重视实践环节和重视学生动手能力、创新能力的培养"。然而,当前我国高职实践教学中存在的问题还不少。

(1)实践教学硬件不能很好地满足教学需要,实践教学基地缺乏生产性。梳理实践教学硬件满意度调查结果,发现2.2%感觉很满意,19.7%认为较满意,33.4%认为一般,有15.7%表示不满意。同时高职实践教学设备成本较高,需要投入大量资本,而高职投资渠道不多且用途较广的现实在一定程度上限定了实训基地硬件的设施水平。因此实践教学基地缺乏生产性,高职学生不能在真实的工作场景或模拟的工作场景下工作,对于技能的掌握与提高是不利的。

(2)实践教学的整合力度不够,缺乏实践教学实验、实训、实习的一体化。调查结果表明,25%认为实践教学内容应按照工作任务安排,4.4%认为应按照学科体系安排,6.5%认为应按照职业资格标准安排教学内容,38.7%认为应按照学生知识、能力和素质结构安排实践教学内容。目前很多学校还存在教学内容因人而设(根据现有教师的实践动手能力)、因条件而设(根据现有的实训设施设备条件)、因理论课程而设现象。实践教学内容不充实,为学生提供可选择的实训项目不多,存在为达到"实训教学时间

与理论教学时间 1∶1"的要求而拉长实训教学时间的现象,实训效率不高。

(3)实践教学与学生职业资格标准衔接不够,存在"两张皮"现象。关于实践教学内容与职业资格标准的关系,有 0.8% 的教师认为目前实践教学内容完全涵盖职业技能资格认证标准内容,54.4% 的教师认为目前实践教学内容大部分涵盖了职业技能资格认证标准内容,44.5% 的教师认为目前实践教学内容涵盖了"必需够用"的职业技能资格认证标准,0.3% 的教师认为目前实践教学内容涵盖很少职业技能资格认证标准内容。但总的来讲,教学内容与职业资格标准衔接还不够,同时鉴于高职学生的可持续发展,高职学生应该掌握岗位群的技能,由此可见高职教育的教学与目前国家大力推行的就业准入制度之间还存在一定的差距。

(二)高职院校教学质量存在问题的原因分析

1. 高职院校教学质量存在问题的外因

(1)高职教育投入不够。从我国高校的投入机制来看,除民办高校以外,大部分高校以政府投入为主,政府是办校的主体,政府投入的多少,投入的到不到位,是影响高校教学质量最重要的原因之一。而我国教育工作的一大特点是穷国办大教育。教育投入不足是一个长期现象。高职教育自诞生之日起就受到高等教育界的歧视,导致对高职教育的重视度不够,投入力度不大且投资渠道很少。

在此基础上,以致于部分高职院校领导尤其是某些地方高职院校领导认识发生偏差,认为规模就是效益,从而盲目地将招生规模的扩大当作高职院校发展之路,把高职院校招生规模看得比教学质量更为重要。招生规模的盲目扩大,进而影响到高职院校内部教学工作的正常运转。

(2)办学方向和方针适应性不强。办学方向和方针是一个影响学校生存与发展的问题。特别是在当前市场经济体制下,一个学校究竟培养什么样的人才,向什么方向发展,毕业生是否会受到用人单位的欢迎与重视,都是应当首先解决和关注的问题。但是,目前许多高职院校在办学方向上不同程度地存在着问题。一方面是因为这个问题比较复杂,另一方面市场经济体制和社会发展对人才的需求不断提出新的要求,这就需要高职院校根据市场变化随时调整办学方向。

(3)外部教学质量评价与反馈机制不健全。目前高职教学质量评价更多的学校内部对学生理论知识和技能学习的考核,缺乏一个客观、全面的高职外部教学质量评价与反馈机制。高职外部教学质量评价与反馈主要是用人单位对毕业生的评价。目前高职教学质量评价主体更多的还是政府,社会组织参与教学质量评价的还不多;同时由于一直以来的高职地位不高进而影响社会、用人单位、家长及学生个体的认同。

2. 高职院校教学质量存在问题的内因

(1)领导重视不够。由于一贯形成的社会对高职认可度不高,许多高职院校领导将扩大规模作为发展之路,忽视生源质量,想尽一切办法扩大招生。没有坚持把教学工作作为所有工作的核心,对教学质量的重视程度还不够,因此,导致对师资队伍建设的不重视、对教学改革的不深入、对教学改革研究的不支持、对实践教学的不重视、对学生培养质量的不重视等。

(2)教学理念创新不够。教学理念是教师展开教学工作的指导思想,由于部分高职院校领导的不够重视,对新的理念、新的教育观念关注不够,以致高职院校教学观念落后,很难将先进职教理念引进高职院校等。

(3)教学改革深度不够。教学改革是推动教学质量提高的动力,尽管各高职院校努力尝试各种教学改革,但总的来说改革力度还不够大,还不够全面。部分高职院校尝试对培养目标、课程体系、教学模式、教学质量监控等方面进行了改革,但在实践中不免存在顾此失彼,教学改革与教学实践相脱节的现象。

(4)教学管理模式创新不够。全面质量管理(Total Quality Management),简称 TQM,是质量管理发展的新阶段,它是基于组织全员参与的一种质量管理形式。其含义是以质量为中心,以全员参与为基础,把专业技术、经营管理、数理统计和思想教育结合起来,建立起产品的研究、设计、生产、服务等全过程的质量管理体系,从而有效利用人力、物力、财力、信息等资源,以最经济的手段生产出客户满意的产品,使组织、全体成员及社会受益,从而使组织获得长期成功和发展,具有全员性、全面性、全程性和多样化的特点。将全面质量管理引进高职院校教学质量管理是一种必然。

目前,高职院校教学管理更多是沿用传统教学管理模式,由于传统教育理念的影响忽视学生的主体性,仍然是强迫式的教学管理;在教学质量评价的环节将学生的学习成绩作为最主要的评价标准,注重终结性的管理,忽视过程性的管理;注重评价指标和评价方法的简单划一,忽视评价指标的全面性和评价方法的多样性;教学管理部门之间存在教学信息沟通不畅,相互扯皮等现象。

发现问题找出原因只是我们研究走出的第一步,在实践教学过程中还有待进一步改进,为提高高职教学质量做出应有的贡献。

第二节 高职教学质量现状调查 研究——企业调研

一、调研方案的设计

(一)研究假设

随着我国经济的飞速发展和综合国力的增强,产业结构不断地升级调整。高素质技能型医药人才的重要性和不可替代性,为高职教育的发展带来了巨大的发展空间。而校企合作则是高职教育人才培养和教学体系的重要组成部分,是体现高职教育高素质技能型人才培养不可缺少的教学环节,企业参与职业教育是培养技能型人才最基本的依托和物质保障。而目前高职校企合作过程中出现学校和企业一头热一头冷的现象,为了找出校企合作密切联系的新思路、新途径,本研究以医药企业为例做出了以下假设。

假设一:医药行业企业的参与意愿是影响医学类高职校企之间深层次合作的首要因素。

在校企合作过程中,总会出现企业积极性不够高的现象。企业作为营利机构,参与校企合作主要是为了自身利益着想,当企业认为与学校合作无法满足自身需求又不能带来理想的经济效益时,自然减少与学校的合作。

假设二:政府政策法规的引导是影响校企合作进程的外部影响因素之一。

医学类高职院校与医院和医药企业开展校企合作是国家培养技能型人才的需要,虽然我国也有出台关于医药专业校企合作的相关政策,但是在实际的操作过程中缺乏力度和独立性,较为滞后。山西省地方政府也没有设立针对医药类高职校企合作的专项财政拨款,合作过程中出现财政紧张的问题无法及时解决。而校企合作中仅仅依靠学校和医药企业间的相互沟通协调是远远不够的,还需要依靠政府的努力。

假设三:校企双方的价值取向也是影响校企合作进程的外部影响因素。

企业的生存,首先要考虑的是自身的盈利,参与校企合作是为了给企业招聘优秀的基层一线人员,节约培训成本和新技术的研发;而高职院校是以教书育人为目的,参与校企合作是为了培养学生的实践技能和综合职业素质，提高高职医学生的就业率。当双方的利益无法相互协调时，尤其是学院无法满足行业企业需求时，就会影响校企合作的进展。

（二）调查内容的设计

企业问卷是发放给参与校企合作的医药企业的领导或者单位的负责人。为了编制出真实有效的问卷，预先与多家医药企业进行了访谈，归纳总结了企业参与职业教育的意愿、频度和参与过程中遇到的障碍等影响因子后，最终完成了调查问卷的设计。问卷《高职院校教学质量影响因子问卷调查（企业卷）》主要包括基本情况调查和意见调查等内容。

（1）基本情况调查：企业参与职业教育的意愿是影响校企合作的重要因素，首先要对行业企业的参与程度展开调查。问卷的内容涉及参与校企合作的主要方式、企业教师的构成、企业教师的授课情况、企业参与校企合作的期望、企业参与职业教育得到的社会认可等。

（2）评价和影响调查：这部分的内容主要是为了调查企业在参与校企合作过程中遇到的困境，是否得到了政府的引导和指导，最希望得到的外部支持等，从而得知影响企业合作的阻碍因素。

（3）意见调查：主要收集企业为了校企合作更好的发展，对学校和政府提出的一些想法和建议。

调研的主要目的是为了使企业更好地参与到职业教育中来，避免专业设置与市场需求脱节，使学校培养企业更需要的人才，切实落实工学交替的教学模式。

二、调查的实施

（一）调查样本的选取和问卷的发放

1. 调查对象的选取

考虑笔者所在地区是山西省，工作的单位属于医药类高职院校，为了调研方便，企业问卷的调查对象选取山西省的药店店长、药厂主任、部门领导等管理人员。例如，选取的企业有华康、国药集团山西有限公司、三宝等工业骨干企业，万民大药房、国大药房、竹林大药房等流通骨干企业，还有一些民营的小企业。调研过程中各个单位和部门积极配合，调查进展顺利，样本选取科学且具有代表性。

2. 问卷的发放

2018 年 5 月—8 月，随机选取 35 家校企合作单位作为样本。共发放问卷 250 份，回收有效问卷 242，无效问卷为 0，有效回收率为 96.8%。涉及 35 家校企合作单位，其中 10 家为公立单位，25 家为私营企业。

(二)调查样本的统计

本次调查企业受访者主要来自河南省内的社会药店、药厂、公立医院的 35 家单位。其中 26~35 岁的人数占 23%，36~50 岁的人数占 60%，50 岁以上的人数占 17%。被调查的人员职位分为中层管理者占 65%，高层管理者占 35%。其中公立医院占 28.6%，私营医院占 71.4%(表 3.17)。

表 3.17　企业卷样本构成请况表

类别		人数(人)或单位数	比例(%)
性别	男	150	62
	女	92	38
年龄	26~35	56	23
	36~50	145	60
	50 以上	41	17
职位	基层员工	0	0
	中层管理者	157	65
	高层管理层	85	35
所在企事业单位性质	公立单位	10	28.6
	民营企业	25	71.4

三、企业参与职业教育的现状调查结果

(一)医药企业的布局和未来发展状况

山西省的医药产业在"十二五"期间保持了年均 18.8% 的增速。目前，已形成化学原料药及制剂、医疗器械、药包材等门类比较齐全的医药生产基础和物流配送体系，我省医药行业一批优势企业迅速崛起。亚宝、威奇达、博康、康宝、太行 5 户工业和山西双鹤、临汾医药药材公司 2 户流通企业在行业中龙头位置突现;安特、三宝、正元盛邦、云中、创隆、广生、双人等工业骨干企业和远东药业、万民大药房、长城大药房、竹林大药房等流通骨干企业逐步崛起,成为我省医药行业增长的潜力所在。对医药企业未来 5 年的发展情况进行了调研,情况如图 3.2 所示。

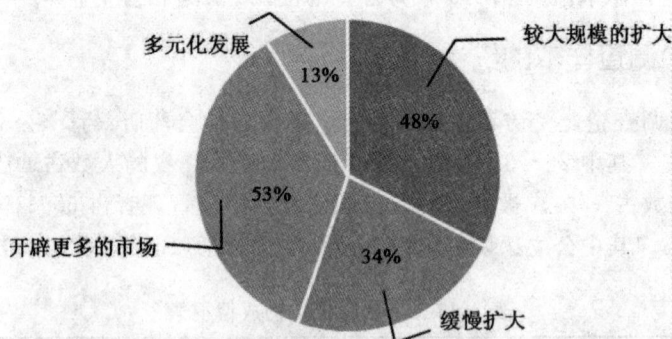

图 3.2　山西省医药企业发展规划图

从图中的结果我们可以看出,有 48% 的企业计划在未来 5 年内将有较大规模的扩大,将建立新的生产基地或公司,有近 13% 的企业计划缓慢扩大企业规模。随着企业规模的扩大,有 53% 的企业将开辟更多的市场,有 13% 的企业将实现多元化发展。

(二)医药企业参与职业教育的模式情况

1. 企业参与职业教育的意愿、频度情况

对企业参与职业教育的意愿、频度调查统计结果如下:有 30% 企业愿意并且已经参加到职业教育中,59% 企业愿意但还没有参加到职业教育中,13% 企业不愿意参加到职业教育中;51.5% 的企业认为企业有参加职业教育的责任,7.9% 的企业认为企业没有参加职业教育的责任,40.6% 的企业认为应视企业自身情况而定。

2. 企业在参与职业教育过程中是否了解其应具有的权利和履行的义务

企业应具有的权利和履行的义务情况如表 3.18 所示。

表 3.18　企业参与职业教育过程中所应履行的权利和义务调查表

应履行的义务和具有的权利	非常清楚	清楚	一般	不清楚
比例(%)	18.8	34.7	26.7	19.8

3. 职业院校兼职教师占企业员工总数的比例

职业院校兼职教师占企业员工总数的比例情况如表 3.19。

表 3.19　职业院校兼职教师占企业员工总数的比例表

兼职教师占企业员工总数的比例	1%～5%	5%～10%	10%以上	无
统计结果(%)	21.6	15.8	22.2	40.4

4. 企业参与职业教育的频度

企业参与职业教育的频度如表 3.20 所示。

表 3.20　企业参与职业教育的频度表

企业参与职业教育的频度	1～5 人次/学期	6～10 人次/学期	10 人次以上/学期	无
统计结果(%)	18.9	23.0	16.9	41.2

5. 企业教师的职称结构情况

企业教师的职称结构情况如表 3.21 所示。

表 3.21　企业教师的职称结构情况表

企业教师的职称结构	全部具有中级或以上职称	50%以上人员具有中级或以上职称	50%以下人员具有中级或以上职称	无
统计结果(%)	14.4	30.1	20.5	34.9

6. 学院聘请的企业教师授课的主要内容情况

企业教师授课的主要内容情况如表 3.22 所示。

表 3.22　企业教师授课的主要内容情况表

企业教师的授课内容	理论知识	岗位技能	企业文化和应聘经验技巧	以上均有	无企业教师
统计结果(%)	6.2	37.2	17.1	19.4	20.2

7. 学院聘请的企业教师授课的主要方式情况

企业教师授课的主要方式情况如表 3.23 所示。

表 3.23　企业教师授课的主要方式

企业教师的授课方式	教室内	企业参观	工作岗位技能培训	学生顶岗实习	以上均有	无企业教师
统计结果(%)	8.1	27.9	6.6	9.6	15.4	32.4

从以上调研数据分析可以看出,89%的企业愿意参加职业教育,52%的企业认为企业有参加职业教育的责任,53.5%的企业清楚在参与职业教育过程中所应履行的义务和具有的权利。但是企业参加职业教育的频度不高,还仅仅停留在接受学生到企业参观的程度。在众多的企业中,有32%以上的企业还没有企业教师。以上调查说明了企业虽与高职院校开展了校企合作,但其合作程度主要以浅层次为主,并未投入较多的资源进行深度合作,大多流于形式。

(三)对企业参与职业教育过程中遇到的问题等调查结果的统计

(1)企业能否有效解决参与职业教育中遇到的问题。调研结果如表 3.24 所示。

表 3.24　参与职业教育中遇到的问题解决情况调查表

调研项目	比例(%)	排序
能全面有效解决企业参与职业教育中遇到的问题	20.8	3
能解决部分问题企业参与职业教育中遇到的问题	46.5	1
存在部分法律空白	30.7	2

（2）企业参与职业教育过程中解决问题所依据的法律情况。调研结果如表 3.25 所示。

表 3.25　参与职业教育过程中解决问题所依据的法律情况调查表

调研项目	比例（%）	排序
缺乏具有针对性的法律	2.0	4
完整、有具体措施,可操作性强	23.8	3
有具体措施,可操作性一般	35.6	2
没有具体措施,可操作性不强	40.6	1

（3）参与职业教育过程中能否保障自己的利益。调查结果如表 3.26 所示。

表 3.26　参与职业教育过程中保障自己的利益情况调查表

调研项目	比例（%）	排序
能很好保障企业在参与职业教育过程中的利益	24.8	2
能基本保障企业在参与职业教育过程中的利益	52.3	1
不能保障企业在参与职业教育过程中的利益	22.9	3

（4）不履行参与职业教育责任的企业的惩罚力度情况,如表 3.27 所示。

表 3.27　不履行参与职业教育责任的企业惩罚力度表

调研项目	比例（%）
过于严厉	7.9
比较严厉	16.8
一般严厉	47.6
不严厉	27.7

(5)企业参与职业教育过程中所产生的成本由谁承担情况,如表 3.28 所示。

表 3.28　企业参与职业教育过程中所产生的成本情况表

企业参与职业教育过程中所产生成本有谁承担	所占比例(%)
政府	0
企业	20.8
学校	13.9
三方共同承担	65.3

(6)政府对企业参与职业教育过程支持情况如何,如表 3.29 所示。

表 3.29　政府对企业参与职业教育过程支持的力度情况表

调研项目	比例(%)
资金得到支持,且力度合适	13.9
资金得到支持,但力度有待提高	46.5
没有得到资金支持	39.6

(7)企业参与职业教育得到的社会认可度如何。调研发现,30.7%的企业得到社会广泛认可,企业形象得到很大提升;53.5%的企业社会认可度一般,企业形象得到一定程度提升;15.8%的企业没有得到社会认可,没有提升企业形象。

(8)企业在参与职业教育过程中,如何协调企业与学校、企业与政府之间的关系。调研发现,24.8%企业认为应由企业主动联系学校和政府,13.9%认为应由学校和政府主动联系企业,22.7%认为应依靠行业协会或相关组织机构,32.7%认为应采取以上三种方式共同协调解决,只有 5.9%认为目前缺乏协调沟通平台和机制,三方沟通协调受到限制。

(9)企业在参与职业教育过程中,是否得到了政府的引导和指导服务。调研结果如表 3.30 所示。

表 3.30　政府引导和指导情况表

政府引导和指导情况	比例(%)
充分	10.9
基本充分	61.4
不充分	27.7

(10)企业参与职业教育的管理和考核机制。调查分析,15.8%认为有完善的管理机制和考核机制,22.9%认为机制基本完善,61.3%认为没有相关机制。

(11)企业在参与职业教育过程中存在的主要阻碍是什么。调研结果如表3.31所示。

表3.31 参与过程中的主要障碍表

调研项目	排序
对学生的培训周期较长,增加企业成本	3
学生学习时间与与企业工作时间相冲突	2
学生就业状态不稳定,人才流动性大	1
学生出现意外伤害后,企业承担责任及赔偿	5
缺少上级领导或部门的引导和支持	7
企业在参与职业教育所做的贡献得不到社会认可	5
缺少相关法律法规明确企业在参与职业教育时所具有的权利和义务	4
缺少相关协议,以规范企业和学校的行为	7
缺少与政府和学校进行有效沟通的平台和协调机构	6
缺少政府相关政策的引导以及落实政策的具体办法	8

(12)企业在参与职业教育过程中最希望得到的外部支持是什么,调研结果如表3.32所示。

表3.32 企业参与过程中希望得到的外部支持情况表

调研项目	排序
财政补助	3
舆论宣传	5
行业协会或相关组织机构的指导	1
税收减免	4
政策支持	2
法律支持	6

（13）如何建立企业参与职业教育的长效机制。调研结果如表3.33所示。

表3.33　如何建立企业参与职业教育的长效机制调查情况表

调研项目	比例（％）
政府主导	8.9
企业主导	13.9
学习主导	10.0
三方共同主导	67.2

（14）企业参与职业教育过程中，最希望得到的利益是什么。22.8％希望得到适合企业的人才，46.5％希望能够奠基企业中长期发展的基础，12.9％希望扩大企业社会知名度、提升企业形象，7.9％希望享受国家相关的优惠政策。

四、调查结果分析

以上分析结果显示，医药行业企业的参与意愿、政府政策法规的引导、校企双方的价值取向是影响高职校企之间深层次合作的影响因素，验证了本研究的理论假设。本次调查可以得出，作为高职教育人才培养和教学体系的重要组成部分，校企合作仍旧存有很多的问题，企业参与职业教育只是一个初始期，并没有形成一个体系。主要体现在以下几点。

（1）校企合作程度不深。主要是以参观为主，没有真正的做到落实实习。绝大多数校企合作教育仅仅限于教学设备捐助、实习基地提供、员工培训等的合作，这种合作离真正意义上的校企合作目标，即建立起一个可持续发展的校企合作的良性循环机制，实现教育资源的优化组合，实现办学的整体效益相去甚远。

（2）企业有热情参与到职业教育来，可是企业对政策的不了解成了最大的绊脚石。企业和学校缺少一个纽带。

（3）企业教师的数量和企业参与职业教育的程度呈现正比关系。企业教师越多，职业学校参与的就越多，学生学到的也越多。但在企业教师的构成中，只有小部分为具有中级职称或以上的企业员工。

（4）校企合作面较窄，也仅仅限于岗位技能培训。绝大多数校企合作教育只停留在个别的专业试点上，没有覆盖所有的专业。

（5）理论与实际脱节，教学内容以理论知识为主，实践教学环节没有得到企业的配合和认可。

五、企业在参与职业教育中遇到的困难原因分析

（一）对医药企业参与职业教育法律方针了解太少

企业虽然具有参与职业教育的热情，但是，企业并不清楚在职业教育中应履行的义务和自身所具有的权利。有超过一半的企业对义务和权利并不是十分清楚。一旦在企业参与职业教育过程中出现问题，在相关法律上企业也不一定能够寻求到依据，有超过80％的企业认为，现有法律存在空白或法律缺乏针对性，不能够有效地为企业解决这些问题。有近一半的企业认为，现有法律只是属于原则性规定，没有具体的措施，可操作性不强；更严重的是，只有约20％的企业认为，现有法律不能够维护企业在参与职业教育中的利益；有50％企业认为现有法律只能够基本维护企业利益；有接近80％的企业认为，现有法律对不履行参与职业教育责任的企业的惩罚力度一般或有待加强。

现有法律对企业参与职业教育的义务与权力没有明确规定，并且没有具体可操作的措施。现有法律不能够维护企业在参与过程中的利益，对于不履行职业教育义务的企业惩罚措施不强。企业的不作为成本低也造成企业参与职业教育的积极性不高。

（二）利益补偿机制的缺乏是罪魁祸首

有70％的企业在支付实习学生薪酬时认为与学生实际产出基本一致。有65％的企业认为企业在参与职业教育过程中所产生的费用应由企业、学校、政府共同承担。有55％的企业没有在参与职业教育过程中享受到税收优惠或其他经济鼓励。只有不足20％的企业得到了力度合适的政府资金支持，而有接近50％的企业没有得到此项支持。经济是影响企业参与职业教育的另一个重要因素，企业能够平等地对学生进行工资支付，但是，企业并没有得到相应的经济支持和鼓励，这将影响企业参与职业教育的积极性。

（三）政策法律保障机制的缺乏

有近90％的企业在参与职业教育过程中，会考虑实习生就业状态不稳定而给企业带来的风险，因此企业会因避风险而谨慎参与职业教育。

(四)行业协会和政府没有尽到义务

在企业参与职业教育过程中,行业协会并没有很好地发挥作用,只有11%的企业会通过行业协会协调学校、企业、政府之间的问题。企业在参与职业教育过程中,有35%的企业没有得到政府的引导和服务。

(五)政府对医药企业参与职业教育只是鼓励并没有具体经济激励

在企业参与职业教育过程中,企业最希望得到的利益是合适的人才以及奠定企业发展的基础,而非获得国家优惠政策或扩大企业知名度。

(六)其他障碍

企业在参与职业教育过程中,遇到的其他障碍分别有:学生就业状态不稳定,学生实习时间与企业工作时间冲突,以及在对学生的培训中会增加企业的成本,缺少法律规范等。同时我们也要看到,只有33%的企业满意目前职业学校对学生的培养,有近50%的企业认为目前高职学生在技能水平上达不到企业要求,有60%的企业表示目前的高职教育只能基本满足企业的需求。看来加强学校职业教育也是必不可少的。

六、几点思考

(一)完善法律法规,切实可行的利益奖励,谁受益,谁出力

为消除企业投资职业教育的后顾之忧,保障其相关利益,政府应颁布针对企业参与职业教育相关的法律、法规。如澳大利亚联邦政府先后在1989年和1992年颁布《拨款(技术与继续教育资助)法》《职业教育与培训资助法》,规定凡企业投入职业教育的经费达年度雇员工资总额5%以上,可以免除一定数量的税收;为吸引业参与职业教育,澳大利亚联邦政府为企业提供了丰厚的资金,以减少培训费用,从而激励企业提供以就业为基础的培训等;同时在法律上所作的积极努力,为企业投资职业教育提供了制度保障,保证了企业投资的利益,调动了企业参与职业教育的热情。

(二)行业协会要发挥自己的作用,同时加大宣传力度

国外企业之所以能够深度参与职业教育,在很大程度上得益于发达的行业协会、商会等中介组织。这些中介组织是各个企业经济利益的代表,它

们具有监督企业参与职业教育的职能。特别是在劳动力市场驱动型的德国、美国等,行业协会的作用显得尤为重要,通过行业协会在学校和企业之间搭建桥梁,实现了资源共享,促进了两者之间的共同发展。企业对发展职业教育的贡献,也提升了企业在国家经济社会发展中的作用,作为企业"利益代表者"的行业协会的话语权不断提升,对政府决策的影响越来越大。

(三)校企双方应优化理念

职业院校要注重"重技面企"的办学理念。职业院校应由重"学"转变到重"技",要以培养技术应用性人才为中心;同时,还要"面企",把面向企业、服务企业的理念融入办学实践中。企业应顺应知识经济的发展,积极主动地对人才的形成过程施加影响,参与到学校人才培养的过程中来,通过参与联合办学、产学合作教育、设立专项奖学金等形式,促进职业教育发展,培养企业真正所需的特定技术应用性人才。

(四)还需加强绩效考核激励政策

目前我国对企业的绩效考核主要集中在经济效益上,对企业的社会效益考核比较欠缺,特别是对企业参与职教活动的绩效考核几乎是一片空白。这里主要原因有三点:一是国家没有建立起一套统一的行之有效的企业职教活动绩效考核制度;二是缺乏政府、行业和教育部门联合组建的企业职教活动绩效考核评价监督机构;三是企业主管部门忽视企业参与职教事业的责任和义务。因为缺乏有效的职教活动绩效考核,企业参与职教的利益需求又不能短时期得到实现,所以企业参与职教事业的积极性就难以激发。

总而言之,企业参与职业教育应该由企业、学校和政府共同主导,制定长效机制。作为学校,应加强学生职业精神和道德的建设,提高学生操作技能理论基础。行业协会和政府组织应积极发挥自身作用,引导和服务企业参与到职业教育中,与此同时,制定企业参与职业教育的各项机制、考核方法等。

第二部分

第四章 高职教学质量评价 体系的构建方法

　　针对第三章调查研究中发现的传统教学质量"评价模糊化，方法单一化""碎片改革多，系统构建少"等问题，本章围绕教学质量如何提高、如何让师生受益进行了研究与实践，探索并创设了2+1分段循环可持续发展工学结合模式系统，在此模式下开展教学质量监控，运用数据挖掘技术构建了教学质量评价监控体系，采用神经网络模型合理确定各项考核权重；并将专业质量考核融入考核中；根据新模式的要求，结合全面质量管理全面性、全员性、全程性和多样化的理念，取得实质性突破。在高职教育教学改革方面迈出重大步伐，取得了重大的人才培养效益，有力地推动了高职教育的发展，促进人才培养质量的提高，有普遍推广价值。

第一节 分段循环可持续发展工学 结合教学模式的确立

一、传统教学质量监控模式

　　从第三章的两项深度调研中分析，传统教学质量评价主要存在的问题如下。

　　1."评价标准体系不健全"的问题

　　传统教学质量评价模糊化，方法单一化，不能及时发现教学工作中哪部分欠缺或不到位，未形成全面的、全员参与的评价体系；主要采用定性的方法结果只能获得好、不好或很好、好、一般、不太好、不好等评价。这种评价不但没有较为科学的依据,而且更多的是凭借个人的喜好或者印象进行评价,结果具有很强的主观性;另外,它具体主要从教师听课、学生测评、学生成绩分析等方面进行教学质量监控,只能适应传统的教学模式。

2."校企合作脱节"的问题

校企合作的力度不够大,企业参与职业教育的热情度不高,学校培养的人才不完全符合企业和社会的实际需求;没有从企业对人才实际需求出发,确定人才培养模式。只注重学生在学校的过程性评价,不注重学生在企业和社会上的过程性和形成性评价;只注重教师和学生的评价,不注重社会评价。对实践教学的督导非常少,如学生的顶岗实习、毕业设计、实习指导等。

二、改革监控模式的必要性

教学理念、教学模式随着时代的发展和社会的进步而转变,如系统化理论教学转变为理实一体化教学,这也正是高职教育的特点所在。传统的教学质量监控体系就凸现出内容相对单一、非全员参与,且很多内容无法量化,考核评价不够客观模糊化等诸多弊病与不足,如果仍然采用传统的教学质量监控体系进行监控发展的教学模式,能好比采用四百多年前的大清律法来处理 21 世纪的法律事件,显然违背了最简单的哲学理论"运动是绝对的,静止是相对的",岂不贻笑大方。因此必须尽快调整或转变教学监控体系的内涵和评价方法,使之与新教学模式相配套,只有这样才能起到监控教学质量的作用,从而保证培养出适应"生产、服务、管理第一线需要的实用型人才",实现零距离就业;同时通过毕业生所反馈的信息,及时调整教学模式,真正将"产学结合"落到实处,不断促进教学改革。

三、分段循环可持续发展工学结合模式的研究

(一)新模式的提出

当前世界各国通行的办法是关注过程的监控,通过第三章的调查分析,得出了高职教育投入不够、办学方向和方针适应性不强、外部教学质量评价与反馈机制不健全、领导重视不够、教学理念不够创新、教学改革深度不够、教学管理模式不够创新、校企合作脱节等问题,既具有个性,又具有普遍意

义。结合高职教育的特点，对世界先进的德国双元制教学模式进行改进，并经过探索实践，最终创设了适合中国国情的 2＋1 分段循环可持续发展模式，在此模式背景下对国内有代表性的高职院校展开教学质量监控，形成具有全程性、全员性、全面性和多样化特点的高职教学质量监控体系。大胆尝试由定性分析到定量分析，实践证明这种教学质量监控体系对于高职人才培养质量的提高具有重要意义。

（二）新模式的特点

新创建的教学质量监控体系，是在以能力为本位的分段循环式可持续发展的工学结合新模式下展开教学质量监控的实践探索，注重过程监控，同时吸收了用人单位参与教学质量评价，逐步完善以学校为核心、教育行政部门引导、社会参与的教学质量保障体系。该教学质量监控体系具有以下几方面特点。

1. 以全面质量管理理念为先导，建立全方位、多层次的高职教学质量监控内容、主体和客体

全面质量管理是指企业全体员工及有关部门齐心协力，综合应用管理方法、专业技术、数理统计及规章制度，建立起产品的研究、设计、生产、服务等全过程的质量体系，从而有效地利用人力、物力、财力、信息等资源，提供符合规定要求和用户期望的产品或服务。概括起来说，企业全面质量管理的内容包括"三全"和"一多"。其主要原则包括顾客满意原则、以人为本的原则、系统管理的原则、质量效益原则、预防为主原则、不断改进原则、相互协作原则等，教学质量监控内容十分广泛。通过对影响教学质量因素全面的分析和归纳，监控内容可以从两方面考虑。一方面根据学生"招生质量—教学过程质量—教学管理质量—毕业生分配质量"的全程培养环节确定一些监控层面，这些监控层面是对教学质量影响较大，诸如教学条件、教学过程和教学环节，包括生源质量、专业定位与培养目标、教学准备、教学实施和考核等；另一方面按专业、课程、实验室等综合项目确定监控层面，结合高职教育的特点，构建涵盖专业质量、理论教学质量、实践教学质量、班级整体教学过程质量、毕业论文质量和学校整体教学质量等的教学质量监控体系，将教学质量监控内容进行了完善与创新。

2. 以保障并提高教学质量为目的，设置运行合理、有序且高效的教学质量监控组织机构

明确教学质量监控内容之后，在确保原教学管理职能部门为常规主体情况下，经学院领导批准，在专业建设指导委员会指导下成立对学院教学过

程日常巡视检查的监控主体——教学督导委员会,并设立教学督导办公室。以各个部门和系为单位下设教学督导工作组。各个工作组负责各个部门的教学督导工作,对教学督导委员会负责。为保证教学质量监控的权威性、非官方性和相对独立性,学院成立了教学质量监控专家组,专门负责学院教学质量的监控。学生是学习的主体,学院积极坚持以人为本的原则,发挥学生的主体作用和积极性,努力尝试让学生参与学校教学质量监控。在上述基础上,学院始终坚持以就业为导向的办学宗旨,引用社会和用人单位参与学院的教学质量监控。通过上述几种方式,学院形成了一个运行合理、有序且高效的教学质量监控组织机构,为教学质量的监控服务。

3. 以专业教学质量为特色,制定科学合理的教学质量监控标准

教学质量标准就是在教学工作中,根据教学过程的各个要素,对教学活动的各个方面,制定相应的规格和要求,并始终把它当成一种目标予以追求。有了质量标准才能恰到好处地、科学规范地进行质量检查、质量分析,并为质量论证提供充分可靠的依据,从而对我院的教学质量进行辩证、客观、公正、及时的监控。

4. 以教学实践为重点,采用多样化且行之有效的教学质量监控手段

教学质量监控以教学实践为重点依据,采取行之有效的教学质量监控手段,保障并提高全面教学质量。

(1)听课是监督、检查课程教学状况最直接、最可靠的方法。职能部门要对听课表进行整理、统计、汇总分析,形成结论性意见,通过教学简报、教学例会、教学工作会议等形式或渠道,定期公布听课结果。

(2)召开师生座谈会,多方面诊断各种教学环节的教学质量状况。

(3)进行"三师评教",坚持每学期进行学生评教、教师互评和综合评价教师的活动,一方面发挥学生的主体精神,另一方面有助于更好地反馈教师的教学,促进教学互动,进而提高教学质量。

(4)发挥院专家组对教学全过程的督导检查作用。

四、分段循环可持续发展工学结合模式典型案例

以某医药类高职院校生物制药技术专业为例,该学院根据高职生专业能力培养为目标,参照具体职业岗位标准,通过"双证书"制度构建了以能力为本位的2+1分段循环式可持续发展的工学结合新模式(图4.1至图4.3)。

```
                    ┌─────────────────────┐
                    │  分段循环式工学结合的新模式  │
                    └─────────────────────┘
                              │
                    ┌─────────────────────┐
                    │     职业素养模块      │
                    └─────────────────────┘
```

职场认知实训企业概况企业文化（3周）	基本素质模块专业必备理论知识模块（33周）	专业核心课程模块（18周）	A工艺生产线顶岗实习（18周）	毕业实践总评毕业考评实习报告答辩职业资格鉴定(2周)
		专业核心技能课程及拓展领域模块（11+7周）	B工艺生产线顶岗实习（18周）	
企业"学"	校内"学"	校内"学"	企业"工"	企业或学校"工、学"

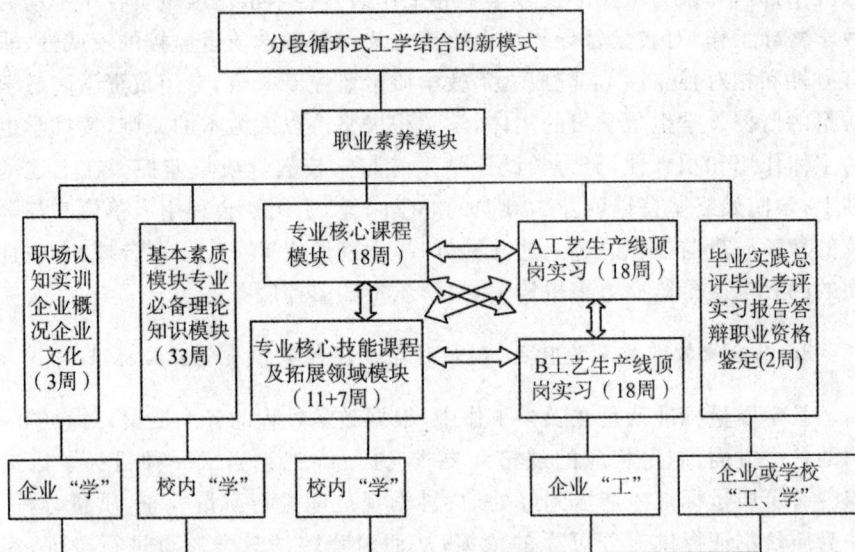

图 4.1　分段循环式可持续发展工学结合的新模式示意图

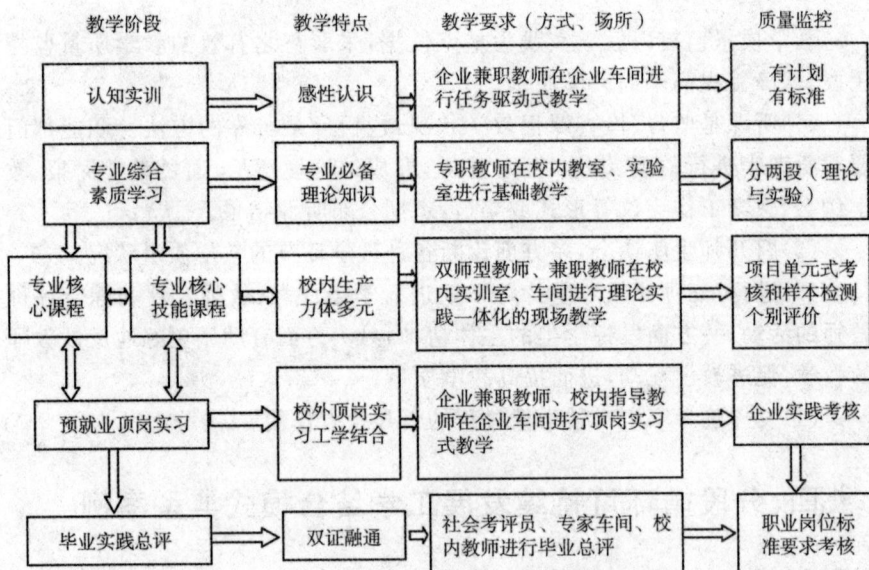

教学阶段	教学特点	教学要求（方式、场所）	质量监控
认知实训	感性认识	企业兼职教师在企业车间进行任务驱动式教学	有计划有标准
专业综合素质学习	专业必备理论知识	专职教师在校内教室、实验室进行基础教学	分两段（理论与实验）
专业核心课程　专业核心技能课程	校内生产力体多元	双师型教师、兼职教师在校内实训室、车间进行理论实践一体化的现场教学	项目单元式考核和样本检测个别评价
预就业顶岗实习	校外顶岗实习工学结合	企业兼职教师、校内指导教师在企业车间进行顶岗实习式教学	企业实践考核
毕业实践总评	双证融通	社会考评员、专家车间、校内教师进行毕业总评	职业岗位标准要求考核

图 4.2　分段循环式可持续发展工学结合的新模式质量监控运行示意图

工种	工作项目	工作任务、培养目标	课程设置

生物制药岗位群（疫苗菌种培育工、疫苗菌毒种培育工、菌种培育工、生物制品培养基生产工、培养基加工工、发酵工程制药工、生化药品制造工、生化药品提取工、疫苗制造工、抗生素酶裂解工、诊断制剂生产工、生物制品培养基生产工、细菌性疫苗生产工、病毒性疫苗生产工）

菌种选育及培养
→ 知识目标：菌种选育及培养基本理论
能力目标：菌种选育及培养
素质目标：耐心

微生物培养
→ 知识目标：微生物培养基本理论
能力目标：微生物培养技术
素质目标：严谨；环保

发酵
→ 知识目标：发酵基本知识
能力目标：发酵技术
素质目标：毅力；环保

产品分离纯化
→ 知识目标：产品分离纯化基本知识
能力目标：分离纯化技术
素质目标：质量

分析检验
→ 知识目标：分析检验基本知识
能力目标：如何做分析检验
素质目标：认真；严谨；条理

制剂
→ 知识目标：制剂基本知识
能力目标：制剂技术
素质目标：质量

药品营销
→ 知识目标：药品营销基本知识
能力目标：药品营销技巧
素质目标：质量；客户

专业核心课程：安全防护、药品生产质量管理、微生物操作技术、生化检测技术、生物检定技术

专业核心技能课程：生物发酵技术、药品制剂技术、药品营销技术、生物产品分离纯化技术

专业群课程：生化制药技术、药品制剂技术、药品营销技术

工学结合课程：生物制药综合技术

医药职业素养贯穿始终

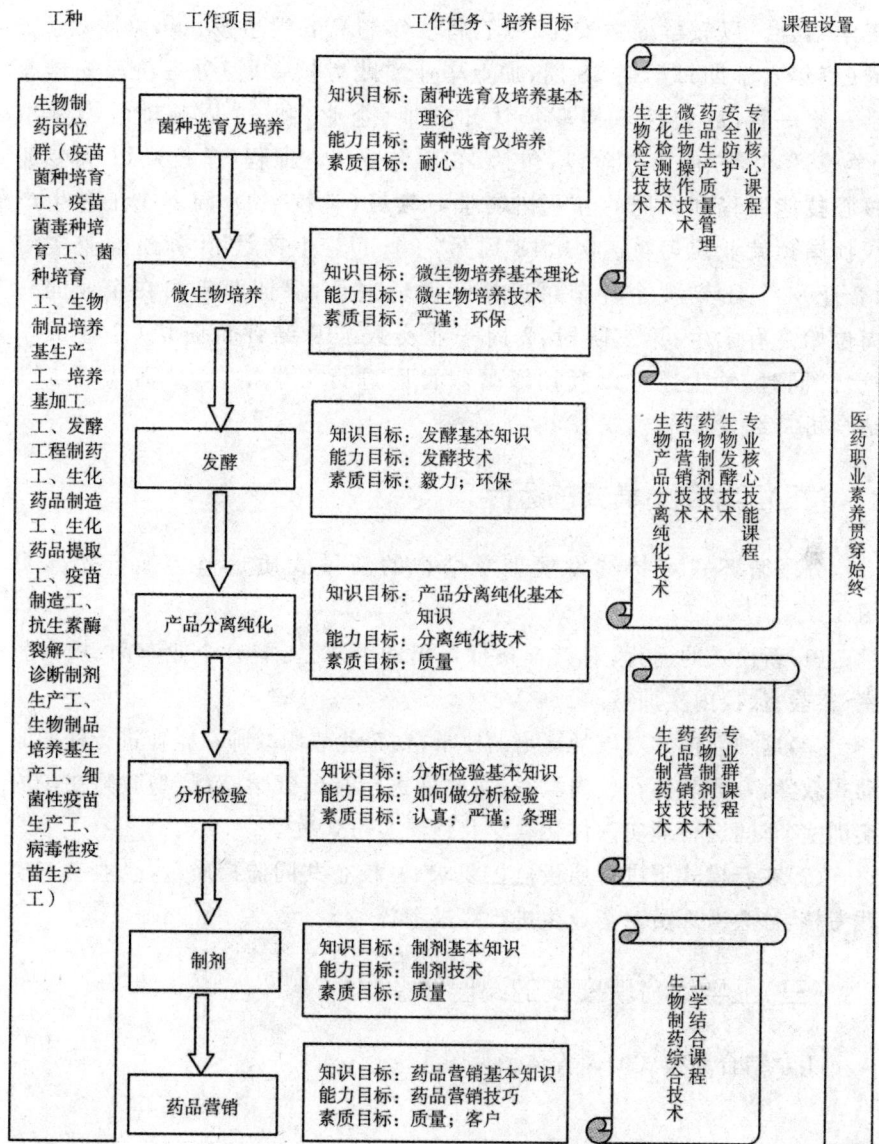

图 4.3　工学结合新模式的课程体系图

(一)工学结合新模式的特点

工学结合新模式的特点见图 4.1,此模式主要的特点是分段循环、工学结合。以教学周数安排课程,将 3 年制高职学生按三年总周数 110 周(三年六学期每学期 18 周,加上毕业实践考核 2 周)分三阶段安排教学。第一阶段:包括 3 周职场认知实训(企业)和 33 周基础学习领域(学校)2 个环节;第二阶段:包括 18 周专业核心课程(学校)、11 周专业核心技能课程和 7 周的专业拓展学习领域(学校)、18 周一个工艺生产线顶岗预就业实习(企业)、18 周另一个工艺生产线顶岗预就业实习(企业)4 个环节,4 个环节可以持续循环进行,保证两年内在企业同一岗位始终有学生;第三阶段:2 周毕业实践与总结评价阶段(企业或学校)。同时,学生还可以利用寒暑假自愿进行工学结合,从而构成工学结合可持续发展的模式。

(二)工学结合模式的运行

分段循环式可持续发展工学结合的新模式质量监控运行示意见图 4.2。

(1)新模式的运行,对教学条件提出的要求是:需有企业车间、校内教室、实验室、校内实训室。

(2)这种新模式对教师提出的要求是:企业兼职教师在企业进行任务驱动式教学,专职教师在校内教室、实验室进行基础教学,双师型教师在校内实训室、车间进行理实一体化教学及顶岗实习式教学。

(3)在新模式下进行质量监控要求是:校企共同监控质量,企业参与实践考核,社会考评员对毕业生进行终极考核。

(三)工学结合新模式的课程体系

工学结合新模式的课程体系见图 4.3。

五、教学质量监控新旧模式比较实践研究报告

1. 新旧模式概述总结比较(见表4.1)

表 4.1 新旧模式概述总结比较

比较项目	旧模式	新模式	效果
评价方法	模糊、定性	定性、定量	创新模型、可操作性强、普遍推广、效果好
考评主体	学生在校期间	学生在校期间、在企业实习以及毕业后	全面、科学、可推广发展
创新点	单一考核学生学习成绩与教师教学质量	将专业质量考核融入教学质量考核中	利于促进专业建设
考评客体	教师	教师、用人单位(企业)、社会考评	客观、公正、公平

2. 新模式的实践

运用方案一在某学院 2017 级药学专业 1~4 四个班进行改革。此方案主要进行了教学质量评价标准体系的改革,由原来的以理论考试成绩为主到以标准改革为理论考核与实践考核相结合的评价标准。实践证明:此方案对于刺激学生学习实践技能有一定的效果,但学生技能的熟练程度及职业素养有一定程度的不足。运用方案二在 2018 级药学 1~4 四个班进行再次改革。此方案将教学质量评价标准进行了进一步的具体化和完善化。实践证明:此方案对于较全面的评价学生具有一定的现实意义,但并没有注重学生的长期发展,这是与教学改革的初衷相背离的。同时运用方案三(现方案)在 2017 级药学 5~8 四个班进行改革。此方案采用分段循环式可持续发展的新模式,进行专业教学质量、理论教学质量、实践教学质量、班级整体教学过程质量、毕业论文质量和学校整体教学质量的监控并结合运用定性与定量相结合的方法。实践证明:此教学质量监控体系对于提高高职教学质量、完善高职教学管理及教学质量管理的全员性、全面性、全程性和多样化具有很重要的现实意义。更为重要的是以学生为本,关注学生的长期发展,这正是教育的初衷。

通过企业全程参与人才培养,实施工学交替人才培养模式和全方位学生评价体系,培养的学生整体上基础理论扎实、专业技能强、综合素质高,受到了用人单位的普遍好评。多家企业主动与我院建立长期的用人关系,学生就业率更是达到了100％。

在工学交替过程中有多位老师跟随学生下企业学习,吃住在企业,提高了自身的知识素质和职业技能水平,并不断将企业生产实际中的新知识、新技术、新技能应用到教学中。通过本成果建设,锻炼培养了一支教育教学理念先进、实践操作能力强、教学水平高、素质过硬的双师型教师队伍。

该模式具有很强的针对性和系统性,在高职教育教学改革方面迈出了重大步伐,取得重大的人才培养效益,有力地推动了高等职业教育的发展,促进了人才培养质量的提高,有普遍推广价值。

第二节　神经网络在教学质量评价体系构建中的应用

本节是在上述模式的监控下运用数据挖掘中的神经网络算法对实践教学质量展开教学评价,从而更加合理地确定各项考核。

高职教育存在只注重实践知识的学习而忽略实践能力训练的问题。实践教学工作通常包含非定量因素,模棱两可,很难量化,评价系统的输入和输出关系是复杂的非线性关系,对评价造成很大的困难。本书将以数据挖掘技术中的人工神经网络算法构建实践教学质量评价为例进行说明。

将数据挖掘应用到实践教学质量评价中,首先要实施的是数据预处理,包括数据的清洗、数据的过滤、数据的离散化;接下来是建立模型,分析模型,如果建模不成功则重新建模,直到建立出令人满意的模型;最后就是模型的应用。可见,数据挖掘是一个不断反复的过程。

人工神经网络的优势是不需要了解数据就可以建立模型。人工神经网络是构建非线性映射的过程,通过试验样本数据构建分类器,通过测试样本数据进行参数修改,从而对分类器进行优化,最终获得解决实际问题的能力。此算法已被广泛应用在工业控制、分类、预测、数据挖掘领域。

针对上述高职院校实践教学工作中存在的质量评价问题,本书以实践教学为例,建立了一个基于人工神经网络的仿真模型,将方案准备、操作训练、总结报告、考核鉴定作为输入层,实践教学质量作为输出层,建立人工神经网络模型,利用实际数据进行网络的训练和测试。该做法克服了传统评价方法的缺点,可以快速、准确地得到评价结果。具体操作如下。

一、实践教学质量评价指标

实践教学质量评价表(表4.2)。

表4.2 实践教学质量评价表

主项目	分项目	评价等级	
		A(优秀)	C(合格)
1. 方案及准备	1.1 实践教学的项目及学时	严格按教学计划上的教学进度执行,完全符合教学大纲的要求	基本上按教学计划上的教学进度执行,基本上符合教学大纲的要求
	1.2 实训教案	有完整的符合要求的实训教案	教案基本上符合要求
	1.3 仪器设备	每次实训前后都认真检查所用仪器设备性能和安全性	重点实训前认真检查所用仪器设备性能和安全性
	1.4 预操作(预实验)	教师在上课前认真预先操作全过程	教师在上课前预先做关键步骤
2. 操作及训练	2.1 安全操作	教师每次课都对学生进行安全教育,实验实训过程中没有发生任何安全事故	教师经常对学生进行安全教育,实验实训过程中没有发生重大安全事故
	2.2 教学准备	操作前,学生要预先作好课前准备,进入实验室时很有秩序;按指定的座位就座;操作前,教师必须向学生讲清实训内容、目的要求和实训步骤	操作前,学生应预先作好课前准备,进入实验室时基本有秩序;教师要做必要的讲解
	2.3 教学过程	教师必须按步骤指导每个学生正确操作,对不同程度的学生应做到因材施教;实训中要认真引导学生仔细观察,认真分析,做好记录	教师必须按步骤指导学生正确操作

续表

主项目	分项目	评价等级	
		A（优秀）	C（合格）
2. 操作及训练	2.4　教学管理	学生分组实验用仪器、标本、药品归还前要整理并交管理员检查	学生分组实验用仪器、标本、药品应交回管理员
	2.5　仪器使用	学生实验中如有损坏普通仪器应主动在损坏物品登记单上填写签名，损坏贵重仪器，应根据具体情况，由任课教师与管理人员商定赔偿金额，处理后作记录	学生实验中如有损坏普通仪器和贵重仪器，由任课教师与管理人员责令其赔偿。
3. 总结及报告	3.1　实训报告	学生应用学校统一的实训（实验）报告纸来撰写，独立完成	教师应指导学生完成
	3.2　实训数据	教师认真指导学生在实训结束前教师要核对原始数据；认真检查并在原始数据上签字，完成报告	教师指导学生核对原始数据；认真检查实训报告
4. 考核及鉴定	4.1　实训报告批改、保管	教师要完成批改，对其实验结果与分析给出评语并签字；不合格的实训报告应及时返回要求学生当日补做，并当面批改；教师最终将实训报告收回装订成册交实训中心统一保管	教师有批改，有签字；不合格的实训报告应返回要求学生补做，并做记录；教师最终将实训报告收交实训中心统一保管
	4.2　考核成绩	每次实训采用记分制将成绩折算入总成绩中	有成绩记录
	4.3　实验记录基本情况及耗损	每次要在日志本或仪器设备记录本上登记基本情况及耗材情况，对损坏的器材要登记并按规定要求处理	记录实验基本情况及耗材情况

二、结果预测

此实践教学质量评价体系界定了 A、C 等级内涵,属于 A、C 之间的为 B 级,低于 C 级的为 D 级,评价结论(S)分四类,共涉及 14 个项目,其标准如下。

优秀(90~100 分):D=0,C≤4,A≥12,记 90 分,每多增加一个 A 记 5 分。

良好(80~89 分):D≤2,9≤A<12,记 80 分,每多增加一个 A 记 3 分。

合格(60~79 分):D≤6,记 60 分,每减少一个 D,增加 2 分。

不合格(<60 分):D>7,记 59 分,每增加一个 D,减去 1 分。

三、操作说明

实践教学工作的评价是建立在综合评价指标体系的基础上,评价指标的选择将直接影响综合评价的结果。所以建立科学的评价指标体系是获得合理评价结果的保证。

通过上表可以得出,需要确立 4 个影响高职院校实践教学工作的一级指标,每个一级指标下又包含若干个二级指标,如表 4.3 所示。

表 4.3 高职实践教学质量评价指标

一级指标	二级指标	一级指标	二级指标
1. 方案及准备	1.1 实践教学的项目及学时	2. 操作及训练	2.1 安全操作
	1.2 实训教案		2.2 教学准备
	1.3 仪器设备		2.3 教学过程
	1.4 预操作(预实验)		2.4 教学管理
			2.7 仪器使用
3. 总结及报告	3.1 实训报告	4. 考核及鉴定	4.1 实训报告的保管
			4.2 考核成绩
	3.2 实训数据		4.3 实验记录基本情况及耗损

四、神经网络模型的构建

一个完整的模型就数据总集分成三个部分,即训练集、测试集和验证集。分别对训练集和测试集进行数据挖掘,比较两次的结果,如果结果接近,则说明模型建立成功,否则继续创建数据挖掘模型,直到模型创建完成为止。

神经网络包括输入层、隐含层、输出层三部分。原理如图 4.4 所示。

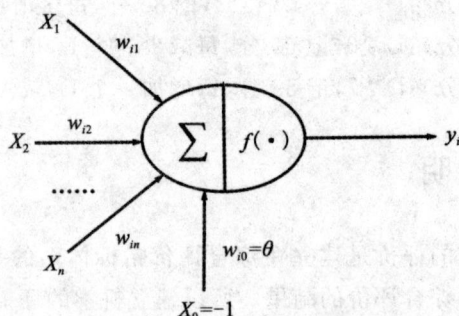

图 4.4　神经网络图

其中,$x_1 \sim x_n$ 是从其他神经元传来的输入信号,w_{ij} 表示从神经元 j 到神经元 i 的连接权值,θ 表示一个阈值(threshold),或称为偏置(bias)。函数 f 称为激活函数,激活函数选为 ctivation 函数,表示如下

$$f(x) = 1/[1 + \exp(-ax)] \tag{4-1}$$

还有其他激活函数,如

$$f(x) = \tan\left(\frac{x}{2}\right) = [1 - \exp(-ax)]/[1 + \exp(-ax)] \tag{4-2}$$

(一)确定输入层神经元数

输入层的层数根据实践教学质量评价指标确定,共选取了 14 个二级指标,因此,输入层个数为 14。

(二)确定隐含层数

实验表明,隐含层越多,则神经网络学习速度越慢。鉴于此,在结构合理、权值恰当的条件下,三层 BP 神经网络可逼近任意连续函数,因此,选用三层 BP 神经网络。

如果单位数量的输入层、隐藏层和输出层是 n,q,m，三层网络可以实现 n 维输入向量 $U^n=(u_1,\cdots,u_n)^{\mathrm{T}}$ 非线性映射到 m 维的输出层 $Y^n=(Y_1,\cdots,Y_m)^{\mathrm{T}}$。我们将测量和影响高职实践教学工作的 14 个关键指标作为输入，即节点 $n=14$ 时，评估结果作为网络输出，即 $m=1$。根据类型 $q=\log_2 n$ 决定，在实践中没有统一的方法来确定 q。隐含层节点数的层数被选为 4。

(三)确定输出层的单元数量

选择输出节点对应的评估结果。在这个模型中，最终的结果是高职实践教学质量的评价工作，输出层分为 A,B,C,D 四类，其中 A 为优秀，B 为良好，C 为一般，D 为差。

人工神经网络模型建立时，我们可以使用它们作为相应的网络输出，对应的标准输出模式(1,0,0,0)、(0,1,0,0)、(0,0,1,0)、(0,0,0,1)，显然建立神经网络输出层的节点数是 4。

(四)人工神经网络算法

人工神经网络的学习过程是由正向传播和反向传播两部分，算法描述如下。

(1)初始化权值和阈值。网络 BP(n,q,m) 被决定后，网络算法包括权重从输入层第 i 个单位到隐藏层第 j 个单元，权重 $w_{ij}^1(i=1,\cdots,n;j=1,\cdots,k)$，从隐藏层第 j 个单元到输出层第 k 个单元，权重 $w_{jk}^0(j=1,\cdots,q;k=1,\cdots,m)$。隐藏层第 j 个单元的激活阈值 $\theta_j^H(j=1,\cdots,q)$ 和输出层第 j 个单元的激活阈值 $\theta_k^0(k=1,\cdots,m)$，以上权重和初始阈值是在网络训练之前随机生成的。

(2)训练样本信息。假设 P 是普通训练样本，输入第 $r(r=1,..,p)$ 个训练样本信息到首要向前传播的隐藏层，获得隐藏层输出信息通过激活函数 $f(r)$ 的作用。

$$H_{jr} = f\left(\sum_{i=1}^{n} w_{ij}^1 x_{ir} - \theta_j^H\right)(j=1,\cdots,q,r=1,\cdots,p) \qquad (4\text{-}3)$$

隐藏层输出信息传输到输出层，可能是最终的输出结果。

$$Y_{kr} = f\left(\sum_{j=1}^{q} w_{jk}^0 H_{jr} - \theta_k^0\right)(k=1,\cdots,m,r=1,\cdots,p) \qquad (4\text{-}4)$$

在网络学习信息的正向传播，另一个进程的误差反向传播的过程。如果错误之间存在网络输出和期望输出值，然后将误差反向传播，使用所有调整网络权值和阈值。

$$\Delta w(t+1) = \eta \frac{\partial E}{\partial w} \alpha \Delta w(t) \qquad (4\text{-}5)$$

在式中，$\Delta w(t)$ 是第 t 个训练权值和阈值的修正值，η,α 是比例系数和动量系数。

$$E = \frac{1}{2} \sum_{r=1}^{m} \sum_{r=1}^{p} (Y_r - t_r)^2 \tag{4-6}$$

重复使用上述两个过程，直到网络输出之间的误差达到一定的要求和所需的输出。

五、案例研究

该研究利用构建的模型对数据进行预测，将预测的结果转换为教学经验，运用到实际的教学过程中。不断地更新数据库，利用新的数据进行检验，测试其成功的几率，利用反复检验成功的模型来帮助教育管理者做出科学的决策。

（一）样本选择和数据预处理

样本的选择是建立模型需要解决的第一个问题。本文选取了山西省的23 所高职院校和其他省份 95 所高职院校评估的数据作为样本。通过筛选，确定了 84 个有效样本，其中，随机选择 70 个样本作为训练样本，余下的14 个样品作为测试样本。每个样本数据记录了高职实践教学的评价信息，包括基本信息、评价信息的特定元素和普通高职教学评估信息的状态。每个高职实践教学的评价因素包括 19 个分数，分数范围为(0,50)。

（二）网络训练和结果分析

将训练样本输入建立的人工神经网络模型中，训练 8 次后结束，测试样本输入神经网络模型，获得的预测结果如表 4.4 所示。

表 4.4　预测结果表

序号	实践教学质量实际评价结果				人工神经网络的测试结果				结论
1	A	1	0	0	0	0.99912	0.00023	0.00011	0.00030	A
2	C	0	0	1	0	0.00013	0.00101	0.99981	0.00101	C
3	B	0	1	0	0	0.00056	0.99945	0.00015	0.00087	B
4	B	0	1	0	0	0.00032	0.99977	0.00085	0.00095	B
5	B	0	1	0	0	0.00138	0.99924	0.00098	0.00145	B

序号	实践教学质量实际评价结果				人工神经网络的测试结果				结论
6	C	0	0	1	0	0.00043	0.00134	0.99797	0.00067	C
7	B	0	1	0	0	0.00080	0.99987	0.00058	0.00022	B
8	B	0	1	0	0	0.00054	0.99894	0.00153	0.00015	B
9	C	0	0	1	0	0.00285	0.00044	0.99845	0.00032	C
10	A	1	0	0	0	0.99916	0.00233	0.00066	0.00078	A
11	B	0	1	0	0	0.00073	0.91235	0.10050	0.01893	B
12	A	1	0	0	0	0.99954	0.00204	0.00018	0.00046	A
13	D	0	0	0	1	0.15597	0.12533	0.00267	0.89045	D
14	C	0	0	1	0	0.00013	0.00052	0.99903	0.00077	C

从表 4.4 可以看出，综合评价的测试结果和 14 个测试样品结论完全一致，只有个别数据的测试结果干扰性较强，如 11、13 个数据，但不影响网络的定性评估，这可能与测试样品数量不足有关。

六、结论

高职实践教学质量的评价工作，依照领域专家的知识和经验，建立了人工神经网络的学习样本，使用数据，充分利用给定的样本数据，建立数据之间复杂的非线性输入和输出之间的相关性。

其突出的优势是通过网络自主学习而实现大量的参数设定，避免了人为主观因素的影响，评估结果客观有效。

使用神经网络力方法评价高职实践教学工作的质量精度高，收敛快，计算过程简单，它可以反映评估影响因素的影响程度，从而有效地提高工作效率和经济效益，同时减少手工计算引起的误差。所以人工智能仿真系统将越来越广泛地被应用于高职实践教学质量的评价工作。

一些新的人工神经网络模型已得到改进，应用高职实践教学质量的评价工作，可能会获得更好的结果。如人工神经网络结合遗传算法和模糊实践共同使用，可以克服一些缺点，评估结果可能会更好，将作为我们下一步的研究工作。

第三节 基于数据挖掘层次分析法 扩展模型的研究

如何构建高职院校教学质量评价指标权重呢？本文主要是从理论教学质量各指标的确定和权值的分配展开的。指标是指要实现的具体目标在某一方面的规定，也就是说一个指标只能反映某一方面的特征，所以目标的整体特征不能从单个指标出发，只有处理好各评价指标之间的关系，构建一个由一系列相关指标组合的完整体系，才能充分体现出来。而权重是指指标对达到目标影响程度的尺度，权重的大小直接决定了指标对目标影响程度的高低。权值的确定有很多常用的方法，如层次分析法、对偶比较法、比较平均法和德尔菲咨询法等。下面将构建一种基于数据挖掘的层次分析法扩展模型，用于进行指标权值的分配。

一、高职院校理论教学质量评价标准的设计

设计一个完整的理论教学质量评价指标，应该根据评价教师教学质量所有属性，利用穷举法、问卷调查法等不同的方法选出主要属性作为指标，然后再逐步修改和完善，最终设计出理论教学质量评价模型，如图 4.5 所示。

以上是一个相对比较全面的针对高职院校教师的理论教学质量评价指标，该评价中，一级指标有 6 个，二级指标有 23 个，能够充分反映高职教师的理论教学水平。该评价是严格按照构建原则来建立的，它主要包括督导评价、学生评价、同行评价和教师自评等四大模块，其中每一个模块中的指标都会随着评价人员身份的变化而变化。例如关于教师教学效果的评价在学生评价模块中是占有很大比重的，因为只有学生跟教师的接触是最为频繁的，他们对教师教学效果的评价最为深刻，且更具说服力，而在督导、同行评价中则不需要设置教学效果的评价这一项。

当然也有一些基本的评价指标在每一个模块中应该是一样的，如教学态度是否端正、教学方法是否灵活等，因此不同模块间存在着许多相同的评价指标。而这些指标的权值也可能因为不同参评人员而存在差异，显然这些差异是很小的，为了能够对评价数据统一处理，本文从学生评价、督导评价和教师自评中提取了影响评价结果的主要指标来构建一个简单的评价指标，并在这基础上展开更加深入的研究。

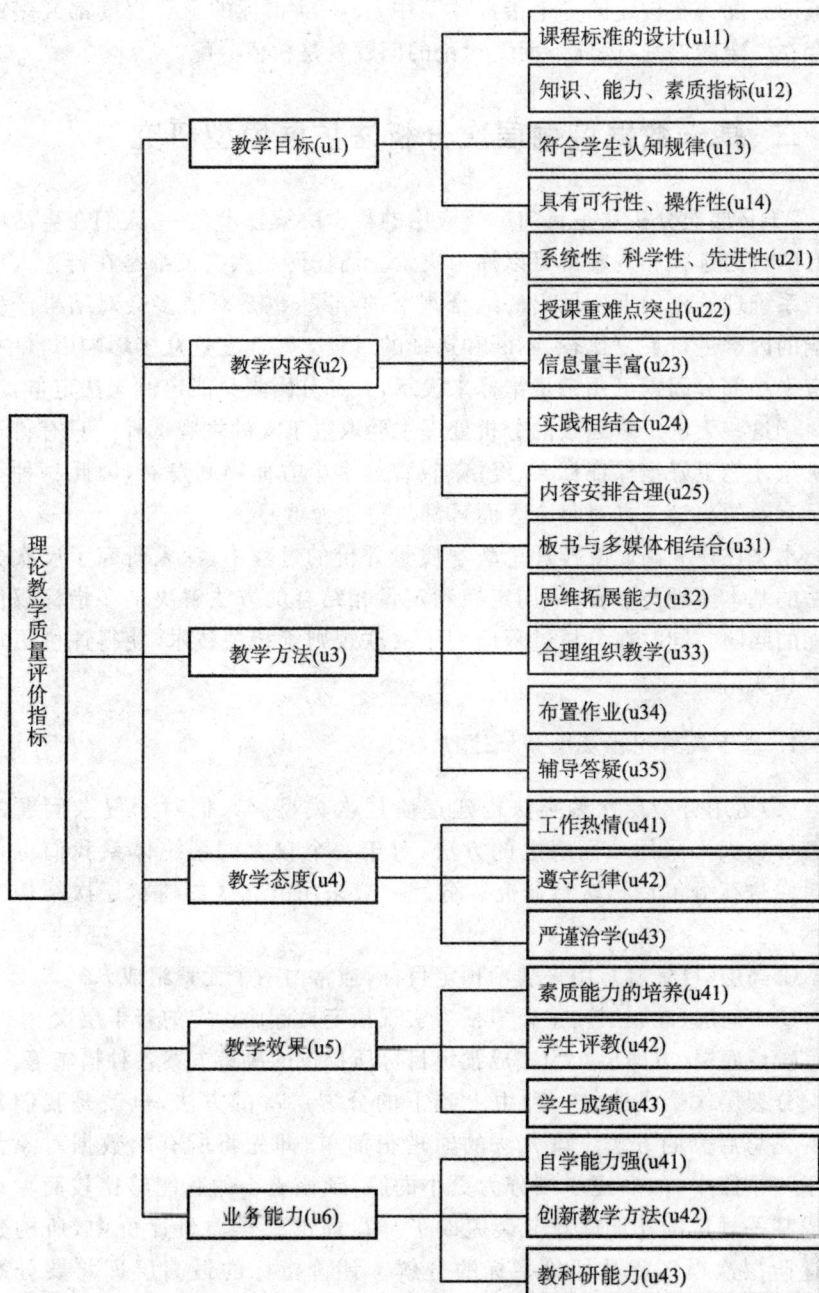

图 4.5 高职教师教学质量评价层次分析模型图

理论教学质量评价指标

教学目标(u1)
- 课程标准的设计(u11)
- 知识、能力、素质指标(u12)
- 符合学生认知规律(u13)
- 具有可行性、操作性(u14)

教学内容(u2)
- 系统性、科学性、先进性(u21)
- 授课重难点突出(u22)
- 信息量丰富(u23)
- 实践相结合(u24)
- 内容安排合理(u25)

教学方法(u3)
- 板书与多媒体相结合(u31)
- 思维拓展能力(u32)
- 合理组织教学(u33)
- 布置作业(u34)
- 辅导答疑(u35)

教学态度(u4)
- 工作热情(u41)
- 遵守纪律(u42)
- 严谨治学(u43)

教学效果(u5)
- 素质能力的培养(u41)
- 学生评教(u42)
- 学生成绩(u43)

业务能力(u6)
- 自学能力强(u41)
- 创新教学方法(u42)
- 教科研能力(u43)

建立科学的高职院校教学质量评价体系必须考虑的另一个重要问题是权值的分配。在构建的一个指标体系中,每一项指标的重要程度都或多或少存在一定的差别,因此下面要讨论的问题就是权值分配。

二、基于数据挖掘层次分析法扩展模型研究

AHP层次分析法是目前广泛应用的科学决策技术之一,人们在生活中所有的行为选择和判断都可以称为决策。而任何一次决策都是在行为人一定的系统理论框架下所做出的综合判断的结果,也是对诸多会对结果产生影响的因素进行反复比较、判断和选择的过程。然而在这众多影响因素中,只有一小部分因素可用定量指标来表示,大部分因素只能定性无法定量,所以对于这些无法定量因素的分析处理主要取决于人的主观选择。只有科学的决策才能更好地保证社会、经济、教育等多个方面顺利发展,因此一种科学且有效的决策工具对每个人而言都显得尤为重要。

本文在建立高职院校理论教学质量评价的过程中,深入研究了层次分析法的基本原理与过程,采用定性和定量相结合的方法解决了多指标权值分配的问题。同时在分析过程应用了关联规则等相关技术,使得评价更加完善和实用。

1. 基于数据挖掘层次分析过程

(1)运用分裂层次聚类法构建递阶层次模型。人们对于复杂问题的理解分析大多采用分而解之的方法,对于一个较大的系统体系我们也可以对它进行分解后再进行研究。分解一般采用倒立式的树状层次结构来表示。

①高层(目标层):用来表示预定目标,通常由一个元素组成。

②中间层(准则层):主要包括为实现预定目标而设定的若干层次。

③最底层(方案层):为完成预定目标所提供的决策方案各种措施等。

分裂层次聚类法是一种由上到下的分裂层次的方法,也就是我们常说的先总后分的方法。该方法的原理很简单,即先将所有的数据对象都置于一个簇中,然后逐步细分为更小的簇,到该更小的簇能够比较简单地完成某一规定的功能就算分裂完成了。在理论教学质量评价中,所构建的递阶层次模型就是评价指标的分解。评价指标的最高层即将要分裂的第0步,分裂两步后产生具有两级指标结构的递阶层次结构模型。如图4.6所示。

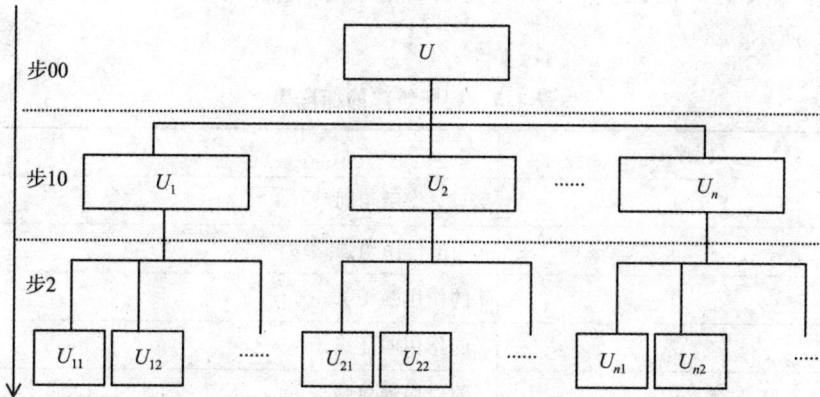

图 4.6　一般的递阶层次结构模型图

　　(2)判断矩阵的构造。从图 4.6 可以明确地看出上下层因素在递阶层次结构模型中的从属关系。

　　如果把上层因素目标层设为 U,其下层因素准则层设为 $U_1,U_2,\cdots U_n$,我们可以依据每个下层因素相对于上层因素的依赖性设定相应的权值 $W_1,W_2,\cdots W_n$。如果每个下层因素相对于上层因素的依赖性能够定量表示,那么每个下层因素的权值就可以直接设定好,但对于那些定性而且带有主观决策的下层因素,就很难直接设定它们的相应的权值了,那么下层因素的权值就只能运用其他的计算方法来得到了。这里主要是把所有涉及的因素相互比较,即取两个下层因素 U_i 和 U_j 对目标因素 U 影响程度的大小之比,结果记为 U_{ij}。将所有的比较结果组合起来就得到判断矩阵,表示如下。

$$U=(U_{ij})_{n*n}=\begin{bmatrix} U_{11} & U_{12} & \cdots & U_{1n} \\ \cdots & \cdots & \cdots & \cdots \\ U_{n1} & U_{n2} & \cdots & U_{nn} \end{bmatrix}$$

　　判断矩阵有如下特点:①$U=(U_{ij})_{n*n}$,$U_{ij}>0$;②$U_{ij}*U_{ii}=1$;③$U_{ii}=1$;所以把判断矩阵 U 称为正反矩阵。

　　该矩阵的性质如下。

　　①U 除了最大特征值 $\lambda_{\max}=n$ 以外,其余特征值全部为 0。

　　②U 的所有行都是任意一行的正倍数,故 $R(U)=1$。

　　③U 的转置矩阵 U^{T} 也是一致的。

　　综上述性质得出,假如 U 为一致性矩阵,$\lambda_{\max}=n$,则将 $\lambda_{\max}$ 对应的特征向量归一化后记为 $W=(W_1,W_2,\cdots W_n)^T$,其中 $\sum_{i=1}^{n}W_i=1$,W 称为权向量,它表示了 U_1、U_2、$\cdots U_n$ 在目标 U 中的权值。在该系统范围内,通

过各因素的两两比较，可以确定各因素的权值。判断矩阵的标度如表4.5所示。

表4.5 判断矩阵的标度表

标度 U_{ij}	定义
1	i 与 j 作用相同
3	i 与 j 作用稍强
5	i 的作用强于 j
7	i 的作用明显强于 j
9	i 的作用绝对强于 j
2,4,6,8	i 与 j 处于两相邻判断之间的中间值
倒数	$U_{ij} = 1/U_{ji}$

（3）权值的计算。计算权值常见的方法有方根法、幂乘法以及和积法等，用这些方法来计算我们已经构建好的判断矩阵中特定的特征向量 W。本文利用和积法来计算权值，并根据判断矩阵特征向量中的最大特征值来验证判断矩阵的构建的一致性效果是否合乎规定。具体计算过程如下。

①先将各列规范化 $\overline{U}_{ij} = \dfrac{U_{ij}}{\sum_{k=1}^{n} U_{kj}}$

②再求规范列的平均，确定最终权值 $\hat{W} = \dfrac{1}{n} \sum_{j=1}^{n} \overline{U}_{ij}$ 。

向量 $\hat{W} = (\hat{W}_1, \hat{W}_2, \cdots \hat{W}_n)^\mathrm{T}$，就是所求的特征向量，也是各因素的权值。然后对特征向量进一步求解计算，得出最大特征值 $\lambda_{\max}$，并利用 $\lambda_{\max}$ 来检验数据的一致性。判断矩阵 U 的最大特征值利用下面的公式计算

$$\lambda_{\max} = \frac{1}{n} \sum_{i=1}^{n} \frac{(u\hat{w})_i}{w_i}$$

其中 $(u\hat{w})_i$ 为向量 $U\hat{W}$ 的第 i 个元素。

（4）一致性的验证。在构造判断矩阵的过程中，肯定会存在一些主观的因素，所以在各因素两两比较过程中也就必然会出现不一致，只不过需要这种不一致是否在允许的范围内。为了解决这个问题，提出一种可以计算一致性指标的方法。假如一致性指标检验不符合要求，就必须对判断矩阵重新审核并做适当地修改；反之则说明所设定的判断矩阵比较确实可行。

假设 CI 为判断矩阵的一致性指标，计算一致性指标 CI 的公式如下：

$$CI = \frac{\lambda_{max} - n}{n - 1}$$

CI 值用来判断所构造的判断矩阵和完全一致的矩阵的不同程序有多大,值越大,不同程度就越大,反之则说明两矩阵基本上一致,所构造的判断矩阵非常好。进而求出一致性比率 CR＝CI/RI。RI 表示随机一致性指标,对于 $n = 1 \sim 9$,Saaty 等人通过研究,确定了 RI 的值,如表 4.6 所示。

表 4.6　随机一致性指标表

N	1	2	3	4	5	6	7	8	9
RI	0	0	0.57	0.89	1.11	1.23	1.31	1.42	1.46

当一致性比率 CR＜0.10 时,则表明所构造的判断矩阵 U 的一致性较好,其对应的特征向量 W 就完全可以当作权值了。当一致性比率 CR＞0.10 时,就要重新调整 U 来降低一致性比率,直到满足条件为止。这时计算出来的特征向量通过归一化等技术处理后,得到的各层次的权值就非常合理了。

(5)关联规则检验。为了提高理论教学质量评价指标层次及权值的正确性和合理性,我们将从收集的评价数据中挖掘关联规则。利用关联规则检验评价体系指标层次及权值是否符合实际。如果不符合实际,则根据挖掘结果,将与实际差别较大的部分作为反馈信息,以便进行调整和优化。还可将数据挖掘的关联规则所获得有价值的知识添加到知识库,来指导下一步对评价体系的构建和调整。

基于数据挖掘的 AHP 扩展模型如图 4.7 所示。

2. 应用扩展模型构建评价指标

在综合评价体系中,对象的总评分是最上层的特点,最下层是若干个评价指标,设评价指标共有 n 个,为 $u_1, u_2, \cdots, u_n$,每项指标的对应得分是 $x_1, x_2, \cdots, x_n$,每项指标对应最上层的有权系数为 $w_1, w_2, \cdots w_n$,则总评分 S 利用公式 $S = \sum_{i=1}^{n} w_i x_i$ 计算。

构建的评价体指标主要用于评价教师的教学质量,而教学质量的保证很大程度上取决于教师的教学过程。教学过程可以分为两个相辅相成的过程,即教师教的过程与学生学的过程。在整个教学评价中应重视学生的评教结果,因为学生跟教师联系紧密,对教师的认识具有客观性和全面性。此外,分别由督导、同行、教师自己作为评价主体的多种评价形式,由此得出的评价信息都可以作为教育管理者科学合理决策过程中的重要依据。首先从各种评价表中挖掘出对评价结果有着重要影响的指标,接着构建出相应的评价指标并对其各自的权值分配处理。

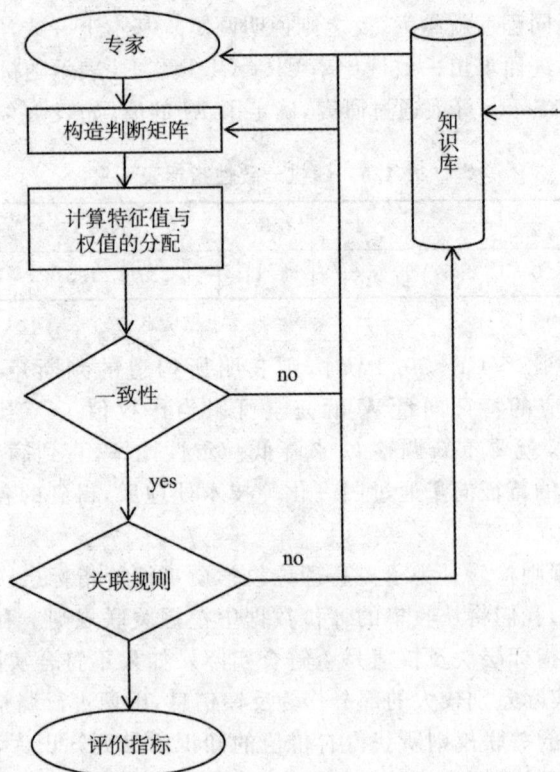

图 4.7　基于数据挖掘的 AHP 扩展模型图

(1)基于评价指标的递阶层次结构模型的建立。在教学质量评价基础上运用分裂层次聚类法构建出如图 4.8 所示的递阶层次结构模型。

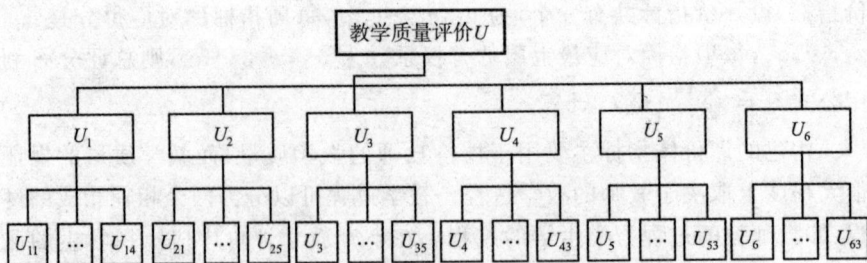

图 4.8　教学质量评价体系的树状层次结构模型

图 4.8 中"教学质量评价"是目标层,而准则层则是从其他各种不同象为参评者的评价结果表中提取出的一级评价指标 $U_1 \sim U_6$,其余则是相应的二级指标。

(2)判断矩阵的构造。利用表 4.6 中的判断矩阵标度表,通过专家把判断矩阵构造好。具体做法是先将基于准则层中的 6 项指标的判断矩阵构造好,方法是两两比较准则层的各项指标;再将相应的二级指标的判断矩阵也构造好,方法也是彼此比较各二级指标,然后对比较结果进行打分,构造成的判断矩阵如表 4.7~表 4.13 所示。

表 4.7 U 判断矩阵表

U	U_1	U_2	U_3	U_4	U_5	U_6
U_1	1	2	3	2	1	3
U_2	1/2	1	2	2	3	3
U_3	1/3	1/2	1	2	2	2
U_4	1/2	1/2	1/2	1	1	2
U_5	1	1/3	1/2	1/3	1	1
U_6	1/3	1/3	1/3	1/2	1	1

表 4.8 U_1 判断矩阵表

U_1	U_{11}	U_{12}	U_{13}	U_{14}
U_{11}	1	2	3	4
U_{12}	1/2	1	2	3
U_{13}	1/3	1/2	1	1
U_{14}	1/4	1/3	1	1

表 4.9 U_2 判断矩阵表

U_2	U_{21}	U_{22}	U_{23}	U_{24}	U_{25}
U_{21}	1	3	2	2	3
U_{22}	1/3	1	2	1/2	2
U_{23}	1/2	1/2	1	1/2	2
U_{24}	1/2	2	2	1	3
U_{25}	1/3	1/2	1/2	1/2	1

表 4.10 U_3 判断矩阵表

U_3	U_{31}	U_{32}	U_{33}	U_{34}	U_{35}
U_{31}	1	3	2	3	4
U_{32}	1/3	1	1/3	1/2	1
U_{33}	1/2	3	1	2	3
U_{34}	1/3	2	1/2	1	1
U_{35}	1/4	1	1/3	1	1

表 4.11 U_4 判断矩阵表

U_4	U_{41}	U_{42}	U_{43}
U_{41}	1	2	2
U_{42}	1/2	1	1
U_{43}	1/2	1	1

表 4.12 U_5 判断矩阵表

U_5	U_{51}	U_{52}	U_{53}
U_{51}	1	2	3
U_{52}	1/2	1	2
U_{53}	1/3	1/2	1

表 4.13 U_6 判断矩阵表

U_6	U_{61}	U_{62}	U_{63}
U_{61}	1	2	3
U_{62}	1/2	1	2
U_{63}	1/3	1/2	1

（3）权值的计算（利用规范列平均法）。两层准则层即一级指标和对应的二级指标，构成高职院校教师教学质量评价的递阶层次结构，把该结构中一、二级指标所对应的权值用前面的提过的方法来计算。计算一级指标权值的方法如下。

首先,利用 $\overline{U}_{ij} = \dfrac{U_{ij}}{\sum_{k=1}^{n} U_{kj}}$ 公式来规范化各列数据。规范化后得到的判断矩阵如下。

$$U = \begin{pmatrix} 0.2730 & 0.4283 & 0.4090 & 0.2553 & 0.1110 & 0.2308 \\ 0.1365 & 0.2341 & 0.2730 & 0.2551 & 0.3330 & 0.2310 \\ 0.0910 & 0.1070 & 0.1362 & 0.2555 & 0.2220 & 0.2309 \\ 0.1360 & 0.1074 & 0.0680 & 0.1278 & 0.1110 & 0.1539 \\ 0.2730 & 0.0711 & 0.0680 & 0.0427 & 0.1110 & 0.0770 \\ 0.0910 & 0.0711 & 0.0456 & 0.0638 & 0.1110 & 0.0770 \end{pmatrix}$$

其次,利用 $\hat{W} = \dfrac{1}{n}\sum_{j=1}^{n}\overline{U}_{ij}$ 求规范列的平均,确定最终权值。

$$\hat{W}_1 = \frac{1}{n}\sum_{j=1}^{n}\overline{U}_{1j}$$
$$= \frac{1}{6}(0.2730 + 0.4283 + 0.4090 + 0.2553$$
$$+ 0.1110 + 0.2308) \approx 0.3$$

同理得 $\hat{W}_2 = \dfrac{1}{n}\sum_{j=1}^{n}\overline{U}_{2j} \approx 0.2$,$\hat{W}_3 = \dfrac{1}{n}\sum_{j=1}^{n}\overline{U}_{3j} \approx 0.2$,$\hat{W}_4 = \dfrac{1}{n}\sum_{j=1}^{n}\overline{U}_{4j} \approx 0.1$,$\hat{W}_5 = \dfrac{1}{n}\sum_{j=1}^{n}\overline{U}_{5j} \approx 0.1$,$\hat{W}_6 = \dfrac{1}{n}\sum_{j=1}^{n}\overline{U}_{6j} \approx 0.1$。

一级指标的权值用所求的特征向量如下
$$\hat{W} = (\hat{W}_1, \hat{W}_2, \cdots \hat{W}_n)^{\mathrm{T}}$$

通过四舍五入保留计算所得权值后一小数。

以此类推,把所有的二级指标相对应的权值也都分别计算出来。最终计算结果得 $\hat{W}_{11} \approx 0.14$,$\hat{W}_{12} \approx 0.08$,$\hat{W}_{13} \approx 0.03$,$\hat{W}_{14} \approx 0.05$。再利用同上的方法求出其他所有二级指标对应的权值,最终结果如表4.14所示。

表4.14　权值分配表

一级指标	二级指标	权重
教学目标 $U_1(0.3)$	U_{11}	0.14
	U_{12}	0.08
	U_{13}	0.03
	U_{14}	0.05

续表

一级指标	二级指标	权重
教学内容 $U_2(0.2)$	U_{21}	0.06
	U_{22}	0.05
	U_{23}	0.03
	U_{24}	0.05
	U_{25}	0.02
教学方法 $U_3(0.2)$	U_{31}	0.08
	U_{32}	0.02
	U_{33}	0.05
	U_{34}	0.03
	U_{35}	0.02
教学态度 $U_4(0.1)$	U_{41}	0.05
	U_{42}	0.026
	U_{43}	0.024
教学效果 $U_5(0.1)$	U_{51}	0.055
	U_{52}	0.030
	U_{53}	0.015

然后,把判断矩阵的 λ_{max}(最大特征值)求出来。

先把一级指标判断矩阵的最大特征值 λ_{max} 求出来,计算方法如下。

$$U\hat{W}^{\mathrm{T}} = \begin{pmatrix} 1 & 2 & 3 & 2 & 1 & 3 \\ 1/2 & 1 & 2 & 2 & 3 & 3 \\ 1/3 & 1/2 & 1 & 2 & 2 & 3 \\ 1/2 & 1/2 & 1/2 & 1 & 1 & 2 \\ 1 & 1/3 & 1/3 & 1/3 & 1 & 1 \\ 1/3 & 1/3 & 1/3 & 1/2 & 1 & 1 \end{pmatrix} \begin{pmatrix} 0.3 \\ 0.2 \\ 0.2 \\ 0.1 \\ 0.1 \\ 0.1 \end{pmatrix}$$

$(U\hat{W})_1 = 1*0.3+2*0.2+3*0.2+2*0.1+1*0.1+3*0.1 = 1.9$

同理得 $(U\hat{W})_2 = 1.56$, $(U\hat{W})_3 = 1.10$, $(U\hat{W})_4 = 0.76$, $(U\hat{W})_5 = 0.7$, $(U\hat{W})_6 = 0.47$。

$$\lambda_{\max} = \frac{1}{6} \sum_{i=1}^{6} \frac{(U\hat{W})_i}{\hat{W}_i} = \frac{1}{6} * \left(\frac{1.9}{0.3} + \frac{1.56}{0.2} + \frac{1.10}{0.2} + \frac{0.76}{0.1} + \frac{0.7}{0.1} + \frac{0.47}{0.1} \right)$$
$$\approx 6.5$$

同理，可以求出二级指标判断矩阵的最大特征值 $\lambda_{\max}$，分别为 $\lambda_{1\max} \approx 4.1, \lambda_{2\max} \approx 5.3, \lambda_{3\max} \approx 5.1, \lambda_{4\max} \approx 3.0, \lambda_{5\max} \approx 3.0, \lambda_{6\max} \approx 3.0$。

最后，根据如下的指标公式来对一级指标的一致性进行验证。

$$CI = \frac{\lambda_{\max} - n}{n-1} = \frac{6.5-6}{6-1} = 0.1$$

通过查阅随机一致性指标 RI 表，可以看到当 $n=6$ 时，对应的随机一致性指标 RI$=1.23$，而当 CR$=$CI/RI$=0.096/1.23=0.07$ 时，由于 CR$=0.07<0.10$，所以一级指标相对应的权值的分配是正确的。

以此类推，对所有二级指标的一致性进行验证，可以得出评价指标中所有的二级指标权值的分配都是相对正确的，这表明各指标权值利用层次分析法 AHP 所计算的结果相对合理，在高职院校教学中具有参考价值。

（4）关联规则验证。在层次分析法最后阶段及进行一致性验证结束后，可以再进行数据挖掘关联规则，验证其是否科学、一致。下面将在教学质量评价建立的基础上，运用关联规则来验证评价指标权值分配的正确性，再分析研究评价结果的合理性。

三、案例研究

下面介绍如何进一步运用关联规则技术对教学质量评价指标权值分配进行验证。

1. 数据准备

使用已经制定好的高职院校教学质量评价指标，随机在一些班级进行测评，从其中结果任意抽取 10 名教师的评价结果，针对各项指标与总评结果的关联进行研究，设置信度（confidence，P(B|A)）来验证权值正确性，用 $U_i(i[1,6])$ 表示指标，用 $K_j(j[1,10])$ 表示教师，如表 4.15 所示。

表 4.15　教学评价中教师评价结果表

P \ U	K_1	K_2	K_3	K_4	K_5	K_6	K_7	K_8	K_9	K_{10}
U_1	优	中	优	中	中	优	良	优	优	差
U_2	中	中	良	中	良	中	良	良	优	优
U_3	优	良	良	优	良	中	良	优	良	良
U_4	优	良	中	中	优	优	良	优	优	良
U_5	优	良	优	中	良	优	优	良	优	优
U_6	中	良	优	中	中	优	优	优	良	中
总评	优	良	优	中	中	优	良	优	优	中

2. 关联规则挖掘

下面进行关联规则挖掘主要针对第一项和第四项。方法如下:首先确定最小支持度 S 和最小置信度 C,然后通过经典算法 Apriori 把符合最小置信度的关联规则从中挖掘出来。下面是最小支持度为 0.1 时产生的经常出现的项目的集合,简称频集。结果如表 4.16 所示。

表 4.16　频集、支持数、支持度表

频集	支持数	支持度
U_1="优"	5	0.5
U_1="良"	2	0.2
U_1="中"	3	0.3
U_4="优"	5	0.5
U_4="良"	3	0.3
U_4="中"	2	0.2
总评="优"	5	0.5
总评="中"	3	0.3
U_1=优,总评="优"	5	0.5
U_1=中,总评="中"	2	0.2
U_4=优,总评="优"	4	0.4
U_4=良,总评="优"	0	0.0
U_5=中,总评="中"	1	0.1

表 4.16 中共有 13 个频集,设最置信度为 0.3,利用公式 confidence $(A{\rightarrow}B)=P(B|A)=P(A\bigcap B)/P(A)$ 把各项规则的置信度计算出来,结果如表 4.17 所示。

表 4.17　教学评价中关联规则置信度表

关联规则	置信度
U_1＝优→总评＝"优"	1
U_1＝中→总评＝"中"	0.67
U_4＝优→总评＝"优"	0.8
U_4＝良→总评＝"优"	0
U_4＝中→总评＝"中"	0.5

结果表明:两项指标中,第一项指标比第五项指标具有较高的置信度。第一项关联强(置信度大),所以它的权值应该比第五项的权值大(从表 4.14 也可看出),同理可验证其他指标设置的正确性及权值分配的合理性。

本章对当前高职院校教学质量评价的具体实施情况进行了分析,在高职院校教学质量评价的构建中,采用了神经网络数据模型确定了实践教学质量评价指标,采用了层次分析法确定了理论教学质量评价指标,为指导高职院校的教学工作提供了依据。

第五章　高职教学质量评价指标体系的确立

　　针对传统教学质量评价模糊化、方法单一化等存在的问题,本章引进全面质量管理理念,结合高职教育的特点,通过丰富监控内容建立全方位、多层次的监控主体和客体,制定了科学合理的评价标准,构建了涵盖专业质量、理论教学质量、实践教学质量、理实一体化教学质量、班级整体教学过程质量、毕业论文质量和学校整体教学质量等的教学质量监控体系,将教学质量监控内容进行了完善与创新;改革传统教学质量监控组织及组织管理制度,体现了高职教学质量监控的全员性和全程性;改革传统单一角度作为教学质量的主要衡量标准,从专业质量考核入手,企业参与,多角度考核,实现教学质量监控的全程性、客观性和职场性。实践证明,该体系在提高教学质量,推动人才培养等方面具有重大意义。

第一节　教学质量评价指标体系的构建

　　教学质量评价体系以院校的岗位责任制和教学管理基本制度为基础,根据各个部门的工作职能确定质量监控责任以及质量监控工作的权限。构建教学质量评价体系的重点在于编制一套完备的质量监控体系文件,并不断完善该文件。一套完备的教学质量评价体系可以使学校各个部门开展的教学质量监控活动有章可循、有法可依。

　　教学质量评价指标体系是由监控内容、监控组织机构、监控标准和监控方法有机结合在一起构成教学质量监控体系。针对传统教学质量评价模糊化、方法单一化等存在的问题,构建了高效的监控机构,并采用有效的监控方法,达到监控教学质量的目的。

一、以全面质量管理理念为先导,建立全方位、多层次的高职教学质量监控内容、主体和客体

1. 全面质量管理理念

全面质量管理是指企业全体员工及有关部门齐心协力,综合应用管理方法、专业技术、数理统计及规章制度,建立起产品的研究、设计、生产、服务等全过程的质量体系,从而有效地利用人力、物力、财力、信息等资源,提供符合规定要求和用户期望的产品或服务。

2. 丰富教学质量监控内容

教学质量监控内容十分广泛。着眼于发展医药高职教育特色——高技能医药人才的培养,加强学生的专业能力,提高每堂课的教学质量,丰富了教学质量监控内容。具体来说,教学质量包括教的质量和学的质量,主要有理论授课质量、实践授课质量和学习质量。不同的专业又形成了专业质量,进而评定学校的整体教学质量。为便于操作,把每一个监控层面分解为若干个质量监控点,其中包括培养计划、课堂教学、实践教学、考试考查和毕业设计(论文)等对教学质量影响较大的监控关键点。

3. 建立全方位、多层次教学质量监控主体和客体

教学质量评价的内容包括专业质量、理论教学质量、实践教学质量、理实一体化教学质量、班级整体教学过程质量、顶岗实习质量、毕业论文质量、学校教学质量等,并对评价主体和评价客体进行了明确的分工(具体见表5.1)。

表5.1　教学质量监控主体、客体列表

评价内容	评价主体	评价客体
专业质量	校内评估专家、专业建设指导委员会	专业
理论教学质量	系(部)督导工作组	授课教师
实践教学质量	教学科研实训中心督导工作组	授课教师
理实一体化教学质量	系(部)及教学科研实训中心督导工作组	授课教师
班级整体教学过程质量	系(部)教学督导小组(教务处)	班级、学生
顶岗实习质量	校内专家、校外专家、企业专家	学生、指导教师
毕业论文质量	教师、督导管理人员	毕业论文(设计)
学校教学质量	校内专家、校外专家、主管部门、社会	学生

二、以保障并提高教学质量为目的，设置运行合理、有序且高效的教学质量监控组织机构

经学院领导批准，在专业建设指导委员会指导下成立了对学院教学过程日常巡视检查的监控主体——教学督导委员会，并设立了教学督导办公室。以每个教学部门和系分别成立教学督导工作组。各个教学督导工作组负责各自部门的教学督导工作，对教学督导委员会负责（具体见图5.1）。

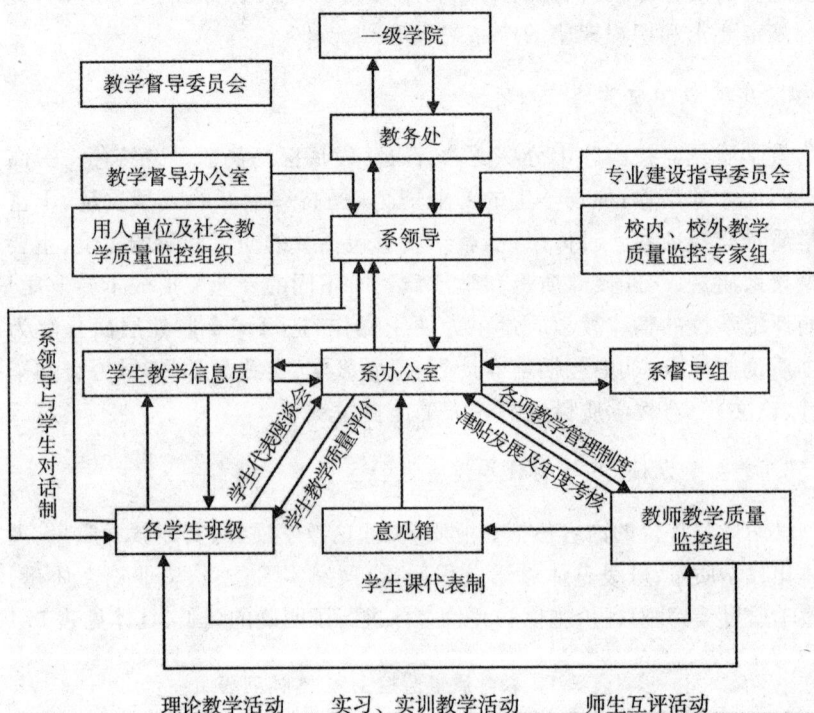

图 5.1　教学组织机构图

学生是学习的主体，应发挥学生的主体作用和积极性，努力尝试让学生参与学校教学质量监控。最终学院形成运行合理、有序且高效的教学质量监控组织机构，为教学质量的监控服务。

三、以专业教学质量为特色，制定科学合理的教学质量监控标准

教学质量的监控离不开教学质量的评价，质量监控标准通常以质量评

价标准的形式来体现。学院针对具体的专业质量(Z)、理论教学质量(K)、实践教学质量(S)、理实一体化教学质量(H)、班级整体教学过程质量(C)、毕业论文质量和学校教学质量等项目制定了科学合理的评价标准及具体操作方法说明。

1. 有关专业质量(Z)的标准及操作说明

传统教学质量评价比较重视教师教学质量和学生学习质量的监控,而专业是高等学校根据社会分工需要而划分的学业门类。专业建设是提高教学质量的基础,是一个专业区别其他专业的根本标志,是教师教学质量评价必不可少的因素。同时现阶段提高高职毕业生专业实践能力也是一种必然,因此,对专业质量监控在整个教学质量监控中具有重要地位。学院坚持专业质量监控,制定了包含专业设置和培养目标、课程体系和课程结构、科目课程、教学环节、职业关键能力与素质培养、教学环境、产学研合作、师资队伍、学生素质、毕业生就业等十个一级指标在内的专业质量标准,成为我院教学质量监控的一大特色。

其具体操作如下。

(1)对专业质量的考核评价最少每学年一次,主要包括对新专业审批、现行课程检查指导和对各专业教学计划进行周期性回顾。每个专业算出 Z 值,每年评价一次,是为了年年专业建设有改进。对没有毕业生的专业,第 10 项不计分,各项等级减去一个档次。

(2)专业质量评价体系界定了 A、C 等级内涵,属于 A、C 之间为 B 级,低于 C 级为 D 级,评价结论(Z)包括优秀(90 分)、良好(80 分)、合格(70 分)、不合格(60 分)四种,涉及三十个评分值,其标准如下。

优秀(90 ~ 100):D = 0,C ≤ 4,A ≥ 25,记 90 分,每增加一个 A 记 2.5 分。

良好(80 ~ 89 分):D ≤ 2,16 ≤ A < 25,记 80 分,每增加一个 A 记 1 分。

合格(60 ~ 79 分):D ≤ 11,记 60 分,每减少一个 D,增加 2 分。

不合格(< 60 分):D > 12,记 59 分,每增加一个 D,减去 1 分。其中每个等级的划分是根据多年的实践经验总结得来。

2. 有关理论教学质量(K)的标准及操作说明

学院就讲课水平、教学态度、外语及新技术渗透、学生到课率、听课检查结果、学生评教结果、课程互动和期末成绩等八个一级指标制定评价标准。其中每个一级指标还包含全面多样化的二级指标。

其具体操作如下。

(1)评价某位教师的教学质量,我们需要采集某位教师对其所代课程进行终期考核,以该教师个体在某一班级最后的课堂评价 K 值计算,如该教师同时担任几个班的教学任务,则 K 值取平均值。

(2)此理论教学质量评价体系界定了 A、C、D 三个等级内涵,介于 A 与 C 之间的定为 B,涉及十七项评分值,评价结论标准如下。

优秀(90~100):D=0,C≤4,A≥15,记 90 分,每增加一个 A,记 5 分。

良好(80~90):D≤3,13<A<15,记 80 分,每增加一个 A,记 5 分。

合格(69~79):D≤7,记 60 分,每减少一个 D,增加 2 分。

不合格(<60):D>8,记 59 分,每增加一个 D,减去 1 分。

3. 有关实践教学质量(S)的标准及操作说明

学院就方案及准备、操作及训练、总结及报告、考核和鉴定等四个一级指标制定评价标准。为体现实践教学监控的全程性,将实践教学各个环节分解为多项二级指标。

其具体操作如下。

此实践教学质量评价体系界定了 A、C 等级内涵,属于 A、C 之间的为 B 级,低于 C 级的为 D 级,评价结论(S)分四类,共涉及 14 个项目,其标准如下。

优秀(90~100 分):D=0,C≤4,A≥12,记 90 分,每多增加一个 A 记 5 分。

良好(80~89 分):D≤2,9≤A<12,记 80 分,每多增加一个 A 记 3 分。

合格(60~79 分):D≤6,记 60 分,每减少一个 D,增加 2 分。

不合格(<60 分):D>7,记 59 分,每增加一个 D,减去 1 分。

4. 有关理实一体化教学质量(H)的标准及操作说明

学院就教学设计、教学准备、讲课水平、教学态度、外语渗透、新技术渗透、学生到课率、课堂互动、教学任务完成情况和考核等十个一级指标制定评价标准。为体现理实一体化教学监控的全程性,将理实一体化各个环节分解为全面多样化的二级指标。

其具体操作如下。

(1)评价某位教师的理实一体化教学质量,我们需要采集某位教师对其所代课程进行终期考核,以该教师个体在某一班级最后的课堂评价 H 值计算,如该教师同时担任几个班的教学任务,则 H 值取平均值。

(2)此理实一体化教学质量评价体系界定了 A、C、D 三个等级内涵,介于 A 与 C 之间的定为 B,涉及十五项评分值,评价结论标准如下。

优秀(90~100):D＝0,C≤4,A≥13,记 90 分,每增加一个 A,增加 5 分。

良好(80~90):D≤2,11＜A＜13,记 80 分,每增加一个 A,增加 5 分。

合格(69~79):D≤7,记 60 分,每减少一个 D,增加 2 分。

不合格(＜60):D＞7,记 59 分,每增加一个 D,减去 1 分。

5. 有关班级教学质量(C)评价标准

学院就任务落实、备课及实施教学计划、教学组织、教学过程和方法、授课效果、实训条件和考试组织等七个一级指标制定标准。任务落实包括教师选用和教材选用两个二级指标。

其具体操作如下。

班级教学质量评价体系界定了 A、B、C、D 四个等级,共涉及 8 个项目,其标准如下。

优秀(90~100 分):D＝0,C≤2,A≥7,记 90 分,每增加一个 A,增加记 5 分。

良好(80~89 分):D≤2,4≤A＜7,记 80 分,每增加一个 A,增加 3 分。

合格(60~79 分):D≤7,记 60 分,每减少一个 D,增加 4 分。

不合格(＜60 分):D＞8,记 59 分,每增加一个 D,减去 2 分。

评价某一个班级的教学质量,先算出该班任课的每位教师的 C 值,则该班的 C 值为该班所有任课教师的平均 C 值。

6. 有关学校整体教学质量的评价

首先由校内评估专家按照专业质量标准对学院各专业进行评价,得出每个专业的 Z 值,每学年进行一次;其次由各系督导小组将评价教学质量的基本要素作统计;再次由各系督导小组按照理论教学质量标准每学期负责对每位任课教师的理论质量进行评价,得出该教师的 K 值;接着由实训中心督导小组按照实践教学质量标准每学期负责对每位实训教师的实践教学质量进行评价,得出该教师的 S 值;然后由各系督导小组按照理实一体化教学质量标准每学期负责对每位任课教师的理实一体化质量进行评价,得出该教师的 H 值;最后由系主任负责对该系班级的整体教学质量进行评价,得出该系班级的 C 值。

有了上述五类标准及 Z 值、K 值、S 值、H 值、C 值之后,就可以算出各项教学质量评分(见表 5.2)。

表 5.2　教学质量量化评价表

直接从评分表中抽题的数据	Z:专业质量分值 K:基础课(不含实验实训)教师的教学质量分值 S:实验实训课教师的分值 $(K+S)/2$:专业基础课(分理论、实验实训课)教师的教学质量分值 H:专业课(理实一体化)教师的教学质量分值
应用公式计算的数据	$$Y = (\sum_{i=1}^{N} x_i)/N$$ $$X = (\sum_{i=1}^{n} P_i)/n$$ $$P = (\sum_{i=1}^{T} Z_i) \times 20\% + (\sum_{i=1}^{T} C_i)/T \times 80\%$$ $$C = (\sum K + \sum (K+S)/2 + \sum S + \sum H)/t$$ N:学院系总数 n:系所含的专业总数 Y:教学质量总评分值 X:教学质量评分值 P:专业教学质量分值 C:班级教学质量分值 T:某专业班级总数 t:班级任课教师总数

四、以教学实践为重点,采用多样化且行之有效的教学质量监控手段

学院教学质量监控应以教学实践为重点依据,采取行之有效的教学质量监控手段,保障并提高全面教学质量。

(1)听课——监督、检查课程教学状况最直接、最可靠的方法。学院应建立院、系、室领导干部听课制度,教学管理干部听课制度,教师听课制度,专家听课制度。

(2)召开师生座谈会,多方面诊断各种教学环节的教学质量状况。

（3）进行三师评教,坚持每学期进行学生评教、教师互评和综合评价教师的活动,一方面能够发挥学生的主体精神,另一方面有助于更好地反馈教师的教学,促进教学互动,进而提高教学质量。

（4）发挥院专家组对教学全过程的督导检查作用。

经过近十年的努力和实践,基本上完成了科学全面的教学质量监控体系。运用统一的标准和量化的结果避免了传统评价的主观性,体现了"顾客至上"产业化式的教育新理念。在国内多家高职院校推广应用,效果显著。但是在以后的教学质量监控中还需要加强学生学习质量的监控,在改进多样化的管理方法方面仍然需要做出不懈的努力。

第二节 教学质量评价体系运行过程中需重点关注的问题

为了保证系统运转的顺利,必须注意以下几个问题。

一、确定监控面和监控点

监控面和监控点的确定使高职高专院校教学质量评价体系的运行更具针对性,从而提高系统运行的效率。按照教学活动的三个环节可以确定三个监控面,分别是教学输入监控面、教学过程监控面和教学输出监控面。其中教学输入监控面应包括如下监控点,分别是专业设置和培养目标、课程设置、科目课程、教学环节、职业关键能力与素质培养、专业环境、产学研合作、师资队伍、学生生源等。

教学过程监控面包括 10 个监控点,分别是理论教学、实践教学、理实依一体化教学、顶岗实习、学生实践、成绩考核等。

教学输出监控面包括 3 个监控点,分别是毕业生反馈、用人单位反馈和社会评价。

1. 教学输入监控面

在教学输入监控面的几个监控点中,重点从专业设置监控点来阐述。

专业是高职高专院校组织教学和培养人才的基本单元。高职高专院校首先要对专业设置是否符合高职高专教育的培养目标进行监控,社会对应用型人才在知识、能力以及素质等方面提出了要求,对专业设置的监控就是要看高职高专院校是否达到了培养目标的要求。

其次，高职院校要对专业设置的种类是否符合地区、行业经济和社会发展需求，以及专业结构调整的方向是否符合地方经济社会发展和行业、产业结构调整进行监控。

高职院校的专业设置应立足于各院校资源的优势和院校所在区域行业经济的发展特点，专业结构调整应具有前瞻性，要建立在分析地方经济发展需求和产业结构调整趋势的基础之上。

再次，高职高专院校要对所设专业的口径是否宽严并存，是否保持一定弹性进行监控。对于专业口径较窄的专业，高职高专院校可以多设接口，通过知识的有机融合，拓宽专业基础，增强专业适应性。在确定专业教学内容时，要注重把通识性和人文素质培养的内容有机融入理论知识教学、实践实训教学、调研实习等教学模块中，以促进学生职业能力和整体素质的提高。高职高专教育必须适应社会和市场对职业人才需求的变化，设置专业时，要在保证整体专业群稳定性的前提下，每个大类专业下的专门化方向设置要具有一定的灵活性，并保持一定弹性。

此外，对专业设置的监控，还要充分考虑各个学校是否按照自身的办学基础和资源条件进行专业设置，是否处理好了需求与可能、数量与质量、当前与长远、骨干特色专业优先发展与其他专业稳步发展的关系，是否根据市场预测，在充分论证的基础上进行专业设置和专业调整。

2. 教学过程监控面

重点阐述实践教学这个监控点。

实验、实习、实训等实践教学不仅仅是理论教学的补充，更是培养高素质应用型人才必不可少的环节。高职高专院校要建立科学合理的实验、实训教学体系，为学生提供更多的实践机会，探索理论与实践紧密结合的人才培养方法，以达到高职教育的质量标准。此外，高职高专院校还要因地制宜，抓住机遇，通过与企业或用人单位联合办学的方式来解决实习实训难的问题，这样既能促进科研开发，又能加强实习实训，从而办出高职高专院校的特色。

对实践教学进行监控，首先，要对实践教学的条件是否合格、实践教学计划是否按照要求执行进行监控。其次，要对实践教学所占的比例是否达到高职高专院校教学规定的要求，以及对各个专业对学生所提出能力要求和能力标准是否明确进行监控。

3. 教学输出监控面

对毕业生、用人单位反馈进行监控，高职院校要建立毕业生跟踪调查制度,与毕业生、用人单位保持联系,并定期收集他们对学校教学工作改进的意见和建议。首先,要监控毕业生的就业率、岗位稳定率、学用结合程度是否达到要求,以及毕业生是否产生了对用人单位的归属感。其次,要监控用人单位对高职高专院校培养的毕业生的满意度,以及用人单位对毕业生是否有较高的认同度。

二、建立完善的信息运行机制

教学质量的信息是广泛的,因此信息收集的渠道以及信息反馈的渠道也是多方面的。教学质量的信息来源既包括高职高专院校的教师、学生和行政管理人员,又包括学校之外的学生家长、毕业生和用人单位等。信息的收集与信息的反馈是信息运行的两个关键环节,同时,信息的收集与信息的反馈也是形成闭环监控系统的关键环节。能否准确及时地收集信息和反馈信息对于能否及时有效地发现并解决教学中出现的问题,对于能否保证教学质量以及能否使整个组织朝着既定目标前进是至关重要的。

1. 信息的收集

信息的收集首先要有一定的制度保障,即高职高专院校必须建立完善的工作记录制度,该制度中要有关于信息收集的内容、信息收集的方式以及信息收集的时间间隔的规定。有了制度保证,信息的收集要按照质量记录的要求随时进行。数据收集是信息收集的主要途径,一般来说,数据收集包括教学输入的数据收集(基准数据、对比者的数据、环境数据、师资数据、生源数据)、教学过程的数据收集(教学项目、理论教学和实践教学、教学评估、课程、教学测验数据)和教学输出的数据收集(入学率、毕业率、就业率、考核成绩等)。

2. 信息的反馈

信息的反馈是信息运行的另一个重要组成部分。"反馈原理是指系统只有通过反馈信息才能实现控制。控制过程实际上是一个信息流通过程,整个信息流通构成一个闭合回路。反馈是借助受控系统的输出信息反作用于施控系统的输入信息,并对系统的再输出发生影响,从而使系统得到控制和调节的过程。"在高职院校教学质量内部监控体系运行中,首先,重视高职院校内部的信息反馈,建立信息反馈制度,这是教学质量内部监控体系顺利运行的前提和保障。在教学管理过程中,常规教学质量监控组织要经常召开阶段性的教学工作会议,通报某个阶段的教学情况,分析该阶段中存在的问题,研讨解决问题的办法,并依此对下一个阶段的工作提出要求和注意事项,以保证教学过程有序地进行。教学质量督导团可以把教学管理人员和督导员分为多个信息组,使他们全程参加教研室活动,了解教学基本情况,听取并记录一线教师的信息反馈。学生会和各个班级的教学质量信息员组织可以在主管学生工作的教辅人员指导下组建动态的学生信息反馈网络,教辅人员要听取学生对各院系教学工作的意见和建议,并将收集的信息及时反馈到各院系,反馈到教学部门和教师本人,使问题及时得到修正,以持续改进教学质量。

其次,重视社会的信息反馈,进行毕业生跟踪调查。社会对教学质量的信息反馈,包括人才市场和用人单位的信息反馈以及往届毕业生的信息反馈。

三、注重持续改进教学质量

1. 持续改进的宗旨是提高效率

高职高专院校教学质量内部监控体系运行系统持续改进的目的是使系统的运行更加完善,从而确保高职高专院校教学质量的不断提高。对学校而言,持续改进还意味着提高教学的效率,即在确保教学质量的前提下,通过优化监控体系的各个组成部分以及改进运行系统的各个环节,节省人、财、物等资源的投入。

2. 持续改进要有计划性

持续改进不仅要针对已发现的或潜在的问题采取纠正或预防措施,而且还要针对正常的方面寻找改进机会。持续改进是一种有计划的、不断的改进。因为外界环境在变化,科学技术在发展,顾客的需求也在不断变化,所以高职院校教学质量内部监控体系的各个组成部分以及运行系统的各个环节都必须不断改进。持续改进过程应该被视为一个循环的过程,参与持续改进的人员和组织需要长期在这个循环中活动。换言之,当一个问题解决之时,新的改进循环已开始。

3. 持续改进需要全员参与

高职院校教学质量内部监控的参与者十分广泛,监控体系运行系统的持续改进具有全员性的特征,必须调动所有参与者的积极性,共同完成持续改进。持续改进包括由校领导、教务处、教学质量督导团负责和发动的宏观层面的持续改进,由各院系教学质量监控机构、督导组、信息组负责和发动的中观层面的持续改进,以及由教研室负责和发动的微观层面的持续改进,它是一个全员参与的过程。

四、高职院校教学质量评价体系的应用实例

下面介绍某学院评价组织制度。

为了进一步提高全院师生员工的教学质量意识,结合教学工作的具体实际,对教学质量实施有效的监督、检查、评估和指导,提高人才培养质量,学院建立和完善了学院教学质量评价体系,制定以下制度。

(1)完善的教学质量评价组织和队伍是教学质量评价体系有效运作的重要保证。构建学院、教务处、系级教学单位、教研室四级的纵向评价组织,组成领导干部、管理人员、教师、学生四方面人员的横向评价队伍。

(2)全院教学质量评价工作在分管教学副院长的领导下,由教务处组织教学质量评价日常工作。教务处教学质量管理科负责全院教学质量评价工作的具体协调工作。

(3)系级教学质量评价在系主任领导下,由分管教学副主任负责教学质量评价日常工作,发挥系级教学单位的作用,对本系的教学质量进行评价。

(4)教研室的教学质量评价由教研室主任负责,组织本教研室的听课、试卷命题、阅卷、试卷质量分析、毕业设计(论文)质量分析、实训等工作,通过教研室组织的各类检查、评价,及时发现问题、解决问题。

(5)学生评教由教务处和系、部组织学院和系分别聘任教学信息员,充分发挥学生在教学质量评价中的作用。

第三节　教学质量评价体系的应用实例

以某医药类高职院校为例,本学院建立了全方位、多层次的高职教学质量监控内容、主体和客体,以专业教学质量为特色,制订了涵盖专业质量、理论教学质量、实践教学质量、理实一体化教学质量、班级整体教学过程质量等的科学合理的评价标准。可供高职院校教学部门人员参考使用。标准如下。

一、专业质量评价标准

1. 专业质量标准(表5.3)

表5.3 专业质量评价标准表

主项目	分项目	等级标准	
		A(优秀)	C(合格)
1. 专业设置和培养目标	1.1 专业设置和专业名称	有充分的行业分析和市场需求分析,专业设置主动适应社会需求,并以需求变化为导向适时调整,有明确的职业面向;专业名称科学、规范,口径宽窄适当;专业指导委员会作用显著	专业设置有行业分析和市场需求分析,有较明确的职业面向;专业名称规范;建有专业指导委员会,并对专业建设发挥积极作用
	1.2 专业培养目标和培养规格	培养目标有准确的职业定位,能主动服务于行业发展对人才的需求,知识能力素质等规格表述清楚,与培养目标一致,操作性强	培养目标职业定位基本准确,培养规格表述明确,适应行业发展对人才需求,具有可操作性
2. 课程体系和课程结构	2.1 课程设置与课程结构体系	课程设置依据职业能力培养需要;课程体系与结构设计充分体现就业导向、能力本位的人才培养特点,并形成职业能力培养系统化课程,技术应用性人才的特征明显	课程设置依据职业能力培养需要;课程体系与结构设计体现就业导向、能力本位的人才培养特点,符合高职教育培养技术应用性人才目标
	2.2 实践课程与职业证书教育	实践课程突出,与理论教学相辅相成,相互融合,体现技术应用性人才培养规律;专业培养方案能够引入职业资格恰当、技术含量较高的职业资格证书,有效实施"双证书"教育	实践课程学时比例符合培养目标要求;专业培养方案能够引入相关职业资格证书或技术等级证书

续表

主项目	分项目	等级标准	
		A(优秀)	C(合格)
2. 课程体系和课程结构	2.3　课程开发和课程整合	课程整合充分满足专业教学需要,能够自行开发课程	有课程整合,能够自行开发一定的课程
	2.4　专业培养方案	专业培养方案规范、稳定,并具前瞻性,以技术应用能力为主线设计专业培养方案,并形成了专业特色,能够及时主动对经济和产业结构的调整做出反映	专业培养方案规范、稳定,能反映社会的需求变化
3. 科目课程	3.1　课程大纲	所有单元课程教学大纲规范,在体现技术应用性人才培养要求方面成效显著,实验实训大纲有创新、适用性强,并在高职课程标准制定方面探索和实践	各单元课程均有较规范的教学大纲,并在如何体现技术应用性人才培养要求方面进行了较有成效的改革
	3.2　课程范型	依据课程内容采取灵活多样的课程范型,效果显著	能够采用多种课程范型,运用得当
	3.3　教材使用和教材建设	能优先选用省部级以上获奖高职高专教材和优秀课件,选用近三年出版的高职高专教材面≥60%,重视教材建设,并有编写的省部级以上规划和获奖教材	选用获奖高职高专教材和优秀课件,选用近三年出版的高职高专教材面≥30%
4. 教学环节	4.1　教学档案和教学文件	教学基本文件和教学管理档案保存齐备,分类清晰,客观、准确记录教学过程和质量	教学基本文件和教学管理档案基本齐全
	4.2　考核标准和考核形式	各类课程均有符合能力培养的考核标准,根据不同课程范型采取灵活的考核形式;在专业职业能力考核上有独到措施,有一定影响面	各类课程均有符合能力培养的考核标准,考核形式多样

续表

主项目	分项目	等级标准	
		A(优秀)	C(合格)
4. 教学环节	4.3 教学水平、教学方法和教学手段	能以学生为中心,注意运用多元智能理论,针对学生特点授课,开展参与式、互动式教学,对不同型课程能采用不同形式的教学方法;积极推进教学方法和手段改革,全面推广多媒体教学,且运用得当,效果明显,积极运用网络教学	具有基本的教学水平,能以学生为中心,改革教学方法和教学手段,体现启发式和参与式教学,积极推广多媒体教学
	4.4 教学运行和管理	教学管理规范有序、运行稳定;教研活动有计划、围绕新时期高职教学改革开展工作效果明显	教学管理运算稳定;教研活动有计划、有效果;教学事故发生率低
5. 职业关键能力与素质培养	5.1 职业关键能力、素质培养设计	职业关键能力、素质教育设计思路清晰,认识深刻,在人才培养方案和专业教学设计中得到突出体现,有专门设计的环节	重视职业关键能力、素质教育,在人才培养方案和专业教学法中有所体现
	5.2 职业关键能力、素质培养实施	开设了有关职业素质教育课程,教师对职业关键能力与素质教育准确领会,贯穿并充分渗透到教学全过程,在毕业生身上得到较好体现	开设了有关职业素质教育课程,在教学过程中有培养职业关键能力与素质教育的环节,取得一定的成效
	5.3 职业关键能力、素质教育改革	制定了符合专业人才培养的职业关键能力、素质教育改革方案,有创新,措施得力	积极进行职业关键能力、素质教育改革,有思路,有措施
6. 教学环境	6.1 教学基础设施	有相当数量的可利用的专业图书;有相当先进的现代教育技术手段;电子阅览室和教室能充分满足专业需求	有可利用的一定数量的专业图书;有可利用的电子阅览室;教室有保障

主项目	分项目	等级标准	
		A（优秀）	C（合格）
6. 教学环境	6.2　实践教学条件	实践教学条件能够保证实践教学需要，能够开出技术领先的实验和实训项目，有一批可利用的最先进的实践教学设备	实验室和实训基地的实验和实训项目开出率能满足实践教学环节需要
	6.3　专业教学和建设经费	教学和建设经费高于教育部标准，学校有专项经费投入专业建设，专业自筹经费能力强	教学和建设经费达到教育部标准，专业有一定的自筹经费能力
7. 产学研合作	7.1　产学研合作实施	产学结合深入专业共建、课程共建、专业师资队伍共建、校内外实训基地共建、技术研究、开发、推广、服务等方面，达至双赢互惠	在开发校外实训基地，聘请企业兼职教师等开发企业资源方面取得一定进展
	7.2　产学研合作机制	形成了以专业指导委员会为轴心、以社会需求为导向、专业主动为行业企业服务、行业企业积极参与专业建设的机制，成效显著	产学研合作理念、机制和途径在办学中得到体现
8. 师资队伍	8.1　生师化	学生：教师≤16：1 50%专任教师周学时≤12	学生：教师≤18：1
	8.2　师资结构	青年教师中研究生学历或硕士及以上的学位比例达35%；高级职称（不含高讲）比例达30%以上；专业基础课和专业课中双师素质教师比例达70%以上；专业带头人和教学、管理人员梯队合理，作用显著	青年教师中研究生学历或硕士及以上学位比例达15%高级职称（不达高讲）比例达20%；专业基础课和专业课中双师素质教师比例达50%；配备了专业带头人和教学、管理人员，并能发挥积极作用

主项目	分项目	等级标准	
		A（优秀）	C（合格）
8. 师资队伍	8.3　师资质量	专业带头人知识能力素质优秀，在专业建设中能很好发挥作用；专业带头人和专业教师与本专业相关的职业经历丰富；教学中对高职教育规律能很好把握，为人师表，从严治教，教学改革和教学质量意识强，教学水平普遍较高，多方评价满意率高；主持或参与专业科研项目；主持或参与高职教育教学研究项目；成果丰富，多项获奖	专业带头人知识能力素质符合专业要求；专业带头人和专业教师有与本专业相关的职业工作经历；注重遵循高职教育规律进行教学，重视师德师风，能够积极参与教学改革，不断提高教学水平；主持或参与专业科研项目；主持或参与高职教育教学研究项目；有成果、有获奖
	8.4　兼任教师	兼任教师队伍来源、数量稳定，生产经验丰富，学术水平较高；兼任教师数占专业课与实践课教师合计数之比达到20%；兼任教师注重研究教学、教学效果好	有一支符合专业教学，能够满足实践教学需求的兼任教师队伍；兼任教师占专业课与实践课教师供合计数之比达到10%
	8.5　师资队伍建设	建立了有利于提高教师质量和师德师风的机制与政策，效果显著；师资队伍建设规划及保障机制行之有效，措施得力	重视提高教师质量和师德师风建设，制定了适应专业发展的师资队伍建设规划及相关政策，建立了师资队伍保障机制，并采取了培训和引进的配套措施
9. 学生素质	9.1　职业专门技术能力与基本技能	学生职业专门技术能力合格率达到90%；计算机应用能力普遍较高，近三届学生参加高等学校英语应用能力考试75%，或有证据说明多数学生英语应用能力高	学生职业专门技术能力合格率达到70%；计算机应用能力达到国家要求；近三届学生参加高等学校英语应用能力考试率达到55%，或有证据说明多数学生英语应用能力达到国家英语教学基本要求

主项目	分项目	等级标准	
		A（优秀）	C（合格）
9. 学生素质	9.2　必备知识与理论	大多数学生能够较好地掌握必备的基础理论和专业知识，并能在实践中灵活运用；重视毕业实践环节的工作，学生毕业实践质量较高	大多数学生能够掌握必备的基础理论和专业知识；结业实践环节有明确规定，大多数学生毕业实践符合要求
	9.3　职业键能力与素质	社会实践和科技文化活动开展有成效；大多数学生具有良好的伦理道德、社会公德和职业道德修养，考风考纪好；具有良好的学习能力、工作能力和创新思维及能力；学生在科技竞赛和其他竞赛中均有获奖；学生普遍身心健康	社会实践和科技文化活动开展有计划；学生能遵纪守法，履行公民基本道德规范和职业道德修养状况较好，考风考纪良好；具有一定的学习能力、工作能力和创新思维及能力；学生在各类竞赛中有获奖；大多数学生身心健康
	9.4　职业证书获取率	专业教学改革与社会职业资格证书制度接轨，学生参加专业规定的职业资格或职业技能证书考试通过率达90%	重视职业能力培养，学生参加专业规定的职业资格或职业技能证书考试通过率达70%
10. 毕业生就业	10.1　就业指导及毕业生质量反馈	就业指导工作成效显著；毕业生质量跟踪调查系统运行良好，反馈准确、及时	开展就业指导工作，有一定效果；有一套毕业生质量跟踪调查系统
	10.2　初次就业率	初次就业率达到90%	初次就业率达到70%
	10.3　社会声誉	用人单位对毕业生评价称职率达到80%；近3年专业录取新生平均报到率≥90%；社会声誉在本地区同类专业中外于较高水平；有一定的社会声誉	用人单位对毕业生称职率达到60%；近3年专业录取新生平均报到率达到70%

2. 操作及说明

(1) 评价一个班级的教学质量,不能离开专业建设,故每次评价考核必须强调对专业质量的考核,以加强专业建设,在此基础上再进行系、班级的考核,才能使教学质量评价体系更为科学、合理,做到以评促建。

(2) 对专业质量的考核评价最少每学年一次,每个专业算出 Z 值,每年评价一次,是为了年年专业建设有改进。对没有毕业生的专业,第 10 项不计分,各项等级减去一个档次。

(3) 专业质量评价体系界定了 A、C 等级内涵,属于 A、C 之间的为 B 级,低于 C 级的为 D 级,评价结论(Z)分为优秀(90 分)、良好(80 分)、合格(70 分)、不合格(60 分)四种,涉及三十个评分值,其标准如下。

优秀(90~100):D=0,C≤4,A≥25,记 90 分,每增加一个 A 记 2.5 分。

良好(80~89 分):D≤2,16≤A<25,记 80 分,每增加一个 A 记 1 分。

合格(60~79 分):D≤11,记 60 分,每减少一个 D,增加 2 分。

不合格(<60 分):D>12,记 59 分,每增加一个 D,减去 1 分。

二、理论教学质量评价标准

1. 理论教学质量评价表(表 5.4)

表 5.4　理论教学质量评价标准表

主项目	分项目	等级标准		
		A(优秀)	C(合格)	D(不合格)
1. 讲课水平	1.1　讲课内容	重点突出,论据充分,推理严密,论述简练,内容适量,符合大纲	有重点、论据和推理较简练,内容适量,基本符合大纲	重点不突出,论据和推理烦琐,内容少或多,或讲错
	1.2　表达能力	声音洪亮,思路敏捷,讲课自如风趣,有吸引力	声音一般,思路清楚,讲课平淡,有一些吸引力	声音小,思路不清楚,讲课乱,没有吸引力,不用普通话
	1.3　板书	板书规范,快而工整,书写量适中,讲与写配合适当	板书规范,慢而歪斜,量少或大,讲与写配合较好	板书不规范,慢而歪斜,量少或大,讲与写配合不好

续表

主项目	分项目	等级标准		
		A（优秀）	C（合格）	D（不合格）
1. 讲课水平	1.4　讲课进度	讲课内容与教学日历相差 2 学时以内	讲课内容与教学日历相差 4 学时以内	讲课内容与教学日历相差 4 学时以上
	1.5　教学方法与教学手段	启发式，归纳分析，有挂图或电化教学手段，理论联系实际	启发式，归纳分析，理论联系实际	灌输式，方法死板，理论与实际脱节
2. 教学态度	2.1　答疑情况	基础课和技术基础课一周一次，专业课两周一次	基础课和技术基础课两周一次，专业课三周一次	基础课和技术基础课两周少于一次，专业课三周少于一次
	2.2　作业布置	基础课一周两次，技术基础课一周一次，专业课每章一次以上	基础课两周三次，技术基础课三周两次，专业课三章两次	基础课两周一次，技术基础课两周一次，专业课两章一次
	2.3　作业批改	全批改（有批、有改、有评语）	批改 1/2 以上	批改少于 1/2
	2.4　讲稿质量	讲稿完整，有教案，书写规范，有新发展和新技术内容	讲稿较完整，书写较规范，有新发展和新技术内容	讲稿不完整，书写不规范，无新发展和新技术内容
	2.5　教书育人	从严治教，上课起立，仪表整洁，为人师表，教书育人	上课起立，仪表整洁，为人师表	上课不起立，仪表不整洁，用语不文明
3. 外语及新技术渗透	3.1　外语渗透	能有机地进行外语渗透，对学生有启发	能对一些关键用语进行外语渗透	不进行外语渗透
	3.2　新技术渗透	对本专业、本课程的相关新知识及新技术进行详尽的介绍	对本课程涉及的新知识及新技术做部分介绍	不做相关新知识及新技术的介绍

续表

主项目	分项目	等级标准		
		A(优秀)	C(合格)	D(不合格)
4. 学生到课率	4.1 学生到课率	学生到课率达95%以上	学生到课率达90%～95%	学生到课率≤90%
5. 听课检查结果	5.1 听课检查结果	听课评分在95分以上	听课评分在85分以上	听课评分在75分以上
6. 学生评教结果	6.1 三师调查结果	得分在90分以上	得分在85分以上	得分在75分以上
7. 课堂互动	7.1 课堂互动	课堂气氛活跃,能与学生就所授知识进行随机的交流	课堂气氛较活跃,能与学生进行部分交流	课堂气氛不活跃,基本不与学生交流,满堂灌形式
8. 期末成绩	8.1 学期末学生成绩	全班学生本门课程期末均分在80分以上	全班学生本门课程期末均分在70分以上	全班学生本门课程期末均分在60分以上

2. 操作及说明

(1)评价某位教师的教学质量,我们需要采集某位教师对其所代课程进行终期考核,以该教师个体在某一班级最后的课堂评价 K 值计算,如该教师同时担任几个班的教学任务,则 K 值取平均值。

(2)此理论教学质量评价体系界定了 A、C、D 三个等级内涵,介于 A 与 C 之间的定为 B,涉及 17 项评分值,评价结论标准如下。

优秀(90～100):D=0,C≤4,A≥15,记 90 分,每增加一个 A,记 5 分。

良好(80～90):D≤3,13<A<15,记 80 分,每增加一个 A,记 5 分。

合格(69～79):D≤7,记 60 分,每减少一个 D,增加 2 分。

不合格(<60):D>8,记 59 分,每增加一个 D,减去 1 分。

三、实践教学质量评价标准

1. 实践教学质量评价表(表 5.5)

表 5.5　实践教学质量评价标准表

主项目	分项目	评价等级	
		A(优秀)	C(合格)
1. 方案及准备	1.1　实践教学的项目及学时	严格按教学计划上的教学进度执行,完全符合教学大纲的要求	基本上按教学计划上的教学进度执行,基本上符合教学大纲的要求
	1.2　实训教案	有完整的符合要求的实训教案	教案基本上符合要求
	1.3　仪器设备	每次实训前后都认真检查所用仪器设备性能和安全性	重点实训前认真检查所用仪器设备性能和安全性
	1.4　预操作(预实验)	教师在上课前认真预先操作全过程	教师在上课前预先做关键步骤
2. 操作及训练	2.1　安全操作	教师每次课都对学生进行安全教育,实验实训过程中没有发生任何安全事故	教师经常对学生进行安全教育,实验实训过程中没有发生重大安全事故
	2.2　教学准备	操作前,学生要预先作好课前准备,进入实验室时很有秩序;按指定的座位就座;操作前,教师必须向学生讲清实训内容、目的要求和实训步骤	操作前,学生应预先作好课前准备,进入实验室时基本有秩序;教师要做必要的讲解
	2.3　教学过程	教师必须按步骤指导每个学生正确操作,对不同程度的学生应做到因材施教实训中要认真引导学生仔细观察,认真分析,做好记录	教师必须按步骤指导学生正确操作

主项目	分项目	评价等级	
		A（优秀）	C（合格）
2. 操作及训练	2.4　教学管理	学生分组实验用仪器、标本、药品归还前要整理并交管理员检查	学生分组实验用仪器、标本、药品应交回管理员
	2.5　仪器使用	学生实验中如损坏普通仪器，应主动在损坏物品登记单上填写签名；损坏贵重仪器，应根据具体情况，由任课教师与管理人员商定赔偿金额，处理后作记录	学生实验中如有损坏普通仪器和贵重仪器，由任课教师与管理人员责令其赔偿
3. 总结及报告	3.1　实训报告	学生应用学校统一的实训（实验）报告纸来撰写，独立完成	教师应指导学生完成
	3.2　实训数据	教师认真指导学生在实训结束前教师要核对原始数据；认真检查并在原始数据上签字，完成报告	教师指导学生核对原始数据；认真检查实训报告
4. 考核及鉴定	4.1　实训报告批改、保管	教师要完成批改，对其实验结果与分析给出评语并签字；不合格的实训报告应及时返回要求学生当日补做，并当面批改；教师最终将实训报告收回装订成册交实训中心统一保管	教师有批改，有签字；不合格的实训报告应返回要求学生补做，并做记录；教师最终将实训报告收回交实训中心统一保管
	4.2　考核成绩	每次实训采用记分制将成绩折算入总成绩中	有成绩记录
	4.3　实验记录基本情况及耗损	每次要在日志本或仪器设备记录本上登记基本情况及耗材情况，对损坏的器材要登记并按规定要求处理	记录实验基本情况及耗材情况

2. 操作要求及说明

此实践教学质量评价体系界定了 A、C 等级内涵,属于 A、C 之间的为 B 级,低于 C 级的为 D 级,评价结论(S)分四类,共涉及 14 个项目,其标准如下。

优秀(90~100 分):D＝0,C≤4,A≥12,记 90 分,每多增加一个 A 记 5 分。

良好(80~89 分):D≤2,9≤A<12,记 80 分,每多增加一个 A 记 3 分。

合格(60~79 分):D≤6,记 60 分,每减少一个 D,增加 2 分。

不合格(<60 分):D>7,记 59 分,每增加一个 D,减去 1 分。

注:实践教学标准初始输入为 20 项考核指标,经过神经网络模型多次训练,发现有 6 项指标与其余 14 项指标关联度较大,为冗余信息指标,因此去掉 6 项考核指标。

四、理实一体化教学质量评价办法

1. 理实一体化教学质量标准(表5.6)

表 5.6　理实一体化教学质量评价标准表

主项目	分项目	等级标准		
		A(优秀)	C(合格)	D(不合格)
1. 教学设计	1.1　教学设计	将课程的理论教学、实践教学、生产、技术服务融于一体,教学环节相对集中,教学场所直接安排在实验室或实训车间,师生双方边教、边学、边做,理论和实践交替进行,直观和抽象交错出现,没有固定的先实后理或先理后实,而是理中有实,实中有理	基本上将课程的理论教学、实践教学、生产、技术服务融于一体,教学环节相对集中,教学场所直接安排在实验室或实训车间	没有将课程的理论教学、实践教学、生产、技术服务融于一体,教学环节不集中,先进行专业理论教学,然后再进行专业实践教学

续表

主项目	分项目	等级标准		
		A(优秀)	C(合格)	D(不合格)
2.教学准备	2.1 教学准备	教师理论功底扎实,上课前能够很好地将教材进行理实结合的分析及过程组合,加强实践性教学环节,注重培养学生熟练的职业技能和综合职业能力	教师理论功底较扎实,上课前基本上能够将教材进行理实结合的分析及过程组合,加强实践性教学环节,注重培养学生熟练的职业技能和综合职业能力	教师理论功底不扎实,上课前不能将教材进行理实结合的分析及过程组合,未加强实践性教学环节
3.讲课水平	3.1 讲课内容	重点突出,论据充分,推理严密,论述简练,内容适量,符合大纲	有重点、论据和推理较简练,内容适量,基本符合大纲	重点不突出,论据和推理烦琐,内容少或多,或讲错
	3.2 表达能力	声音洪亮,思路敏捷,讲课自如风趣,有吸引力	声音一般,思路清楚,讲课平淡,有一些吸引力	声音小,思路不清楚,讲课乱,没有吸引力,不用普通话
	3.3 操作	操作规范	操作较规范	操作不规范
	3.4 教学方法与教学手段	指导式,归纳分析,理论联系实际,具有先进性,提供了理实一体化的教学平台	启发式,归纳分析,理论联系实际	灌输式,方法死板,理论与实际脱节
4.教学态度	4.1 训练质量	训练规范,有新技术内容	训练较规范,有新技术内容	训练不规范,有新技术内容
	4.2 职业教育	从严治教,仪表整洁,为人师表,教书育人(有职业教育渗透内容)	仪表整洁,为人师表(有职业教育渗透内容)	仪表不整洁,用语不文明(无职业教育渗透内容)
5.外语渗透	5.1 外语渗透	能有机地进行外语渗透,对学生有启发	能对一些关键用语进行外语渗透	不进行外语渗透

主项目	分项目	等级标准		
		A（优秀）	C（合格）	D（不合格）
6. 新技术渗透	6.1 新技术渗透	对本专业、本课程的相关新知识及新技术进行详尽的介绍	对本课程涉及的新知识及新技术做部分介绍	不做相关新知识及新技术的介绍
7. 学生到课率	7.1 学生到课率	学生到课率达95%以上	学生到课率达90%～95%	学生到课率≤90%
8. 课堂互动	8.1 课堂互动	教学节奏掌握得好，教与学的气氛活跃，能与学生就所授知识进行随机的交流	教学节奏掌握得好，教与学的气氛活跃，能与学生进行部分交流	教学节奏掌握得不好，教与学的气氛不活跃，基本不与学生交流，满堂灌形式
9. 教学任务完成情况	9.1 学生掌握情况	大多数学生能够较好地掌握必备的基础理论和专业知识，并能在实践中灵活运用；重视实践环节的操作	大多数学生能够掌握必备的基础理论和专业知识；大多数学生毕业实践符合要求	大多数学生未能够较好地掌握必备的基础理论和专业知识，不能在实践中灵活运用
	9.2 学生技能	学生职业专门技术能力合格率达到90%	学生职业专门技术能力合格率达到70%	学生职业专门技术能力合格率达到<70%
10. 考核	10.1 考核成绩	采用"3—3—4"的考核标准，即平时成绩占30%，期末实践考核占30%，期末理论考核占40%，全班学生本门课程期末均分在80分以上	采用"3—3—4"的考核标准，即平时成绩占30%，期末实践考核占30%，期末理论考核占40%，全班学生本门课程期末均分在70分以上	采用"3—3—4"的考核标准，即平时成绩占30%，期末实践考核占30%，期末理论考核占40%，全址学生本门课程期末均分在60分以上

2. 操作及说明

（1）评价某位教师的理实一体化教学质量，我们需要采集某位教师对其所代课程进行终期考核，以该教师个体在某一班级最后的课堂评价 H 值计算，如该教师同时担任几个班的教学任务，则 H 值取平均值。

（2）此理实一体化教学质量评价体系界定了 A、C、D 三个等级内涵，介于 A 与 C 之间的定为 B，涉及 15 项评分值，评价结论标准如下。

优秀（90～100）：D＝0，C≤4，A≥13 记 90 分，每增加一个 A，记 5 分。

良好（80～90）：D≤2，11＜A＜13，记 80 分，每增加一个 A，记 5 分。

合格（69～79）：D≤7，记 60 分，每减少一个 D，增加 2 分。

不合格（＜60）：D＞7，记 59 分，每增加一个 D，减去 1 分。

注：在线采集的大量数据，运用数据挖掘的关联规则得出如下结论，即如果考核对象的理论和实践得分与理实一体化得分成正比关系，也就是说理论和实践得分较高，那么理实一体得分也高，否则都低。

五、班级总体教学质量评价办法

1. 班级总体教学质量评价标准（表 5.7）

表 5.7 班级总体教学质量评价标准表

主项目	分项目	质量标准	评价等级及得分			
			优秀	良好	合格	不合格
1. 任务落实	1.1 教师选用	根据人才培养目标和专业要求配备相当学历及资历的教师担纲教学任务	配备高级职称教师的比例不得少于30％，双师型教师比例不得少于70％	配备高级职称教师的比例不得少于20％，双师型教师比例不得少于60％	配备高级职称教师的比例不得少于20％，双师型教师比例不得少于50％	配备高级职称教师的比例少于10％，双师型教师比例少于50％
	1.2 教材选用	应重视自身的教材建设，优先选用省部级以上获奖的高职高专教材，以及能够反映先进技术发展水平、特色鲜明，并能够满足高等职业教育培养目标要求的教材	有一定数量较高水平的自编特色教材选用近三年出版的高职高专教材面≥60％	有较高水平的自编特色教材选用近三年出版的高职高专教材面≥50％	有较高水平的自编特色教材选用近三年出版的高职高专教材面≥30％	选用高职高专教材低于30％

主项目	分项目	质量标准	评价等级及得分			
			优秀	良好	合格	不合格
2. 备课及实施教学计划	2.1 备课	a. 备课首要做到备学生、备大纲、备教材三备；b. 备课的结果应以教案的形式加以体现；c. 备课的数量和时间为：教师本人第一次讲授的新课，必须在开课前备出全学期教案；教师本人非第一次讲授的课程必须至少提前备出两周的教案；d. 教案作为教学方案，应体现出重点、难点，时间分配及主要内容程序等内容；e. 教师必须按双纲要求进行备课，f. 教案中要求体现新知识，新信息、新内容和职业技术教育的特点；g. 要体现德育渗透和外语应用能力渗透	满足前述条件的90%	满足前述条件的80%	满足前述条件的60%	满足前述条件的60%以下

主项目	分项目	质量标准	评价等级及得分			
			优秀	良好	合格	不合格
3. 教学组织	3.1 教学组织	a. 准备充分,纪律良好,有应变能力;b. 学生缺课率不得大于5%	准备充分,纪律良好,有应变能力学生缺课率不得大于3%	准备较充分,纪律较好,学生缺课率不得大于4%	准备一般,纪律尚可,学生缺课率不得大于5%	准备一般,纪律较差,学生缺课率大于5%
4. 教学过程和方法	4.1 教学过程和方法	a. 整体设计合理、重点突出,抓住关键,教学形式、方法、手段符合内容要求;b. 因材施教,及时反馈,精选习题并有层次、有难度,习题量要适当;c. 精心设问,指导得法,调动学生学习的积极性,激发学生兴趣	a. 整体设计合理、重点突出,抓住关键,教学形式、方法、手段符合内容要求;b. 因材施教,及时反馈,精选习题并有层次、有难度,习题量适当;c. 精心设问,指导得法,调动学生学习的积极性,激发学生兴趣	a. 整体设计较合理,重点突出,教学形式、方法、手段符合内容要求;b. 因材施教,精选习题,习题量适当;c. 指导得法,调动学生学习的积极性,激发学生兴趣	a. 整体设计基本合理、抓住关键,教学形式、方法、手段基本符合内容要求;b. 精选习题,习题量较适当	a. 整体设计不够合理、重点不突出,教学形式、方法、手段不符合内容要求;b. 无习题或习题量不适当
5. 授课效果	授课效果(教师评教和学生评教表后附)	a. 按时完成教学任务,较好完成教学计划;b. 学生注意力集中,思维活跃,反映良好,师生配合默契	教师评教、学生评教和督导专家评教,最后得分在90分以上	教师评教和学生评教最后得分在85分以上	教师评教和学生评教最后得分在75分以上	教师评教和学生评教最后得分在75分以下

续表

主项目	分项目	质量标准	评价等级及得分			
			优秀	良好	合格	不合格
6. 实训条件	实训条件	建立了与理论教学体系相辅相成的、科学的实践教学体系，能满足培养目标对职业能力培养标准的要求，并能根据技术发展的实际予以更新，实训时间累计一般不少于半年；必修实训课开出率不少于80%，全部由符合要求的指导教师上课，有综合实训课	建立了与理论教学体系相辅相成的科学的实践教学体系，能满足培养目标对职业能力培养标准的要求，并能根据技术发展的实际予以更新，实训时间累计一般不少于半年；必修实训课开出率达到100%，全部由符合要求的指导教师上课，有综合实训课	建立了与理论教学体系相辅相成的科学的实践教学体系，能满足培养目标对职业能力培养标准的要求，并能根据技术发展的实际予以更新，实训时间累计一般不少于半年；必修实训课开出率不少于90%，符合要求的指导教师的比例达到80%，有综合实训课	建立了与理论教学体系相辅相成的科学的实践教学体系，能满足培养目标对职业能力培养标准的要求，并能根据技术发展的实际予以更新，实训时间累计一般不少于半年；必修实训课开出率不少于80%，符合要求的指导教师的比例达到70%	建立了与理论教学体系相辅相成的科学的实践教学体系，能满足培养目标对职业能力培养标准的要求，并能根据技术发展的实际予以更新，实训时间累计一般不少于半年；必修实训课开出率少于80%，符合要求的指导教师的比例不足70%
考试组织	考试组织	a. 科学命题，考教分离；b. 考试过程组织严谨，无违纪现象；c. 成绩真实、合理，符合正态分布	科学命题，考教分离；考试过程组织严谨，无违纪现象；成绩真实、合理，符合正态分布均分在80分以上	科学命题，考教分离；考试过程组织严谨，成绩基本符合正态分布，均分在70分以上	科学命题，考教分离；考试过程组织严谨，成绩真实、合理，均分在60分以上	科学命题，考试过程组织严谨，成绩真实、合理，均分不达60分
总合计						

2. 操作要求及说明

此班级教学质量评价体系界定了 A、B、C、D 四个等级,共涉及 8 个项目,其标准如下。

优秀(90～100 分):D=0,C≤2,A≥7,记 90 分,每增加一个 A,记 5 分。

良好(80～89 分):D≤2,4≤A<7,记 80 分,每增加一个 A,记 3 分。

合格(60～79 分):D≤7,记 60 分,每减少一个 D,增加 4 分。

不合格(<60 分):D>8,记 59 分,每增加一个 D,减去 2 分。

评价某一个班级的教学质量,先算出该班任课的每位教师的 C 值,则该班的 C 值为该班所有任课教师的平均 C 值。

六、顶岗实习质量考核办法

1. 顶岗实习质量考核标准(表 5.8)

表 5.8　顶岗实习评价标准表

主项目	分项目	质量标准	
		优秀(A 级)	合格(C 级)
实习准备工作	实习计划	根据专业人才培养方案,制定的实习计划,经过充分的调研和论证,科学合理,有利于提高实习的效率和质量	根据专业人才培养方案,制定的实习计划准时交教务处审核
	实习大纲	实习大纲能充分反映实习的目的、内容、程序和要求,便于对实习的组织和检查	有相应的毕业实习大纲
	实习指导书	实习指导书能充分反映实习目的、内容、程序和要求,对学生实习有明确指导作用	有实习指导书
	实习基地	实习基地有一定的生产规模,工艺、设备先进,技术力量强,管理科学	建立了能基本满足实习工作需求的实习基地或单位,并做到相对稳定

主项目	分项目	质量标准	
		优秀(A级)	合格(C级)
指导与巡查工作	指导教师	专业指导教师配备合理、准备工作充分、周全;能严格执行顶岗实习计划和巡查计划;指导实习严格、细致;主动关心学生的思想、学习和生活状况;注意言传身教,为人师表	专业指导教师配备较合理,能基本落实顶岗实习计划和巡查计划
	基地指导	有经验丰富的企业实习教师与学校派出的专业指导教师密切配合,积极主动地做好有关介绍、讲座和岗位实践指导工作	企业实习教师能配合实习专业指导教师完成各项实习指导和组织工作,并为学校完成实习任务提供必要的支持和帮助
实习效果	实习纪律	实习生在实习单位表现出高度的责任感和事业心,积极认真地完成每项实习任务	遵守学校的规章制度和实习单位的有关规定;实习期间不迟到、早退和无故缺席;基本上完成每项实习任务
	实习内容	实习内容符合教学计划要求,能显现实习过程中指导教师的主导作用和实习学生的主体作用;使学生在生产第一线得到了充分锻炼与提高	学校和实习单位能按照实习计划和实习大纲的要求,结合实际情况安排实习内容,并落实到每个实习学生
	实习报告	学生能记好实习日记,及时发现和解决实习中遇到的问题,写出的实习报告内容翔实,符合要求	学生在规定时间内完成实习任务,按时完成实习和提交实习报告
	实习效果	学生在所规定的每一个岗位上都接受了时间足够的专业技术和技能的训练,取得较大收获	在实习单位的不同岗位上,接受了一定的专业技术和技能训练,取得一定收获
	考核评定	实习结束时,每位实习生都能认真做好实习总结并提交符合要求的实习报告,能及时对实习生进行实习鉴定,实习指导教师能认真批阅学生的实习总结和实习报告,并结合实习中的情况与问题做好总结	指导教师根据学生的实习态度,任务完成情况,实习报告质量等方面为每位实习生评定实习成绩,并根据实习单位评语对实习生的实习情况进行综合评价

2.操作及说明

此顶岗实习质量考核评价体系界定了 A、C 两个等级内涵,介于 A 与 C 之间的定为 B,低于 C 级的为 D 级,涉及十五项评分值,评价结论标准如下。

优秀(90~100):D＝0,C≤4,A≥13,记 90 分,每增加一个 A,记 5 分。

良好(80~90):D≤2,11＜A＜13,记 80 分,每增加一个 A,记 5 分。

合格(69~79):D≤7,记 60 分,每减少一个 D,增加 2 分。

不合格(＜60):D＞7,记 59 分,每增加一个 D,减去 1 分。

七、毕业生反馈性评价办法(试行)

为了全面了解毕业生对学校教学工作的意见和建议,为学校提供有价值的教学反馈信息,进一步完善学生评价教学管理环节,使学院教学评价工作制度化、规范化,特制定本办法。

(一)毕业生反馈性评价目的

协助教学管理部门和教师了解教学情况、总结经验、提高我校的教学质量。

(二)毕业生反馈性评价内容

(1)对大学期间所有上课教师的整体教学水平的评价。

(2)实验设备满足教学的情况。

(3)图书资料满足借阅的情况。

(4)所选用教材的适用性、权威性。

(5)对大学期间所获得知识、技能的评价。

(6)对自己综合素质提高情况的评价。

(7)学校教学工作亟待改进的地方。

(8)在所有给你上课的老师中,你认为教学效果最好的是哪位(或哪几位)老师,为什么。

(9)对学校教学工作有什么意见、建议、希望或评论。

(三)毕业生反馈性评价主体

全校全体应届毕业生。

(四)评价时间

第六学期第七周至第十一周内进行。

(五)评价组织

在教务处统一领导下,各学院各毕业班班主任分别组织本班学生,统一集中开展网上评价工作。

(六)评价程序

(1)第六学期第七周,各学院接通知后,通知毕业生网上填写《毕业生反馈性评教个人信息表》,第八周至第十周,各系系统管理员按照网上评价结果,进行数据分析。并回收后上交学院。

(2)问卷的1~6条以班为单位分别统计出"优""良""中""差"的票数和所占的百分比,最后按要求统计出全院结果;7~10条以班为单位逐条归纳整理。

(3)由教学质量监控评价小组对全校评价数据进行统计、分析。

(七)评价结果及其处理

毕业生反馈性评价学校整体教学效果与教学情况,不仅是教学管理的一个重要环节,也是对教学进行监督的一个重要手段。通过全面了解毕业生对学校教学工作的意见和建议,为学校提供了有价值的教学反馈信息,为教学管理提供决策依据。为了充分发挥毕业生反馈性评价的这一作用,教务处把每届毕业生反馈性评价统计结果及分析报告反馈给各学院、学校相关领导及职能部门,并使各相关部门能针对存在的问题,认真进行研究,积极想办法,采取切实有效的措施,不断完善和改进工作,提高管理水平,使学校教学工作更符合教育教学规律,从而不断提高学校教学。

本章引进了全面质量管理理念,结合高职教育的特点,通过丰富监控内容建立全方位、多层次的监控主体和客体,以医药类高职院校为例,以专业教学质量为特色,制定了涵盖专业质量、理论教学质量、实践教学质量、理实一体化教学质量、班级整体教学过程质量等科学合理的评价标准。

第三部分

第六章　高职教学质量评价软件系统的设计与实现

　　为了持续推进新技术与教学质量评价的深度融合,更好地实现教学过程中的监控、诊断,创建具有全程性、全员性、全面性、多样化和网络化等特点的高职教学质量评价体系势在必行。本章对照第五章构建的教学质量评价标准,设计与开发一套结果量化、功能完善的教学质量评价软件系统。从系统需求分析、系统的详细设计、系统的实现及系统中关键问题的解决、系统的分析及实验结果评价方面进行了阐述,并将开发的软件申请了软件著作权。此成果实现了用户登录模块、题库编辑模块和管理员模块及在线评分模块等的设计。实践证明,与传统手工评分相比,本系统较大地提高了工作效率,节省财力、物力,使用效果良好。

　　前面调查分析得出了高职教育投入不够、办学方向和方针适应性不强、外部教学质量评价与回馈机制不健全、教学理念不够创新、领导重视不够、教学改革深度不够、教学管理模式不够创新等问题,并针对存在的问题构建了教学质量评价标准体系。为了持续推进新技术与教学质量评价的深度融合,更好地实现教学过程中的监控、诊断,创建具有全程性、全员性、全面性、多样化和网络化等特点的高职教学质量评价体系势在必行。本章对照教学质量评价标准,设计与开发了一套结果量化、功能完善的教学质量评价软件系统。大胆尝试由定性分析到定量分析,评价方法由纸质操作到网上评价,此教学质量评价系统的实现对于提高高职教学质量具有重要意义。

第一节　高职教学质量评价软件
系统设计前的准备工作

一、高职教学质量评价系统的系统需求分析

本系统以校园网为基础，服务于教学质量管理，利用先进的计算机技术、网络技术、数据库技术等，通过计算机进行身份认证、组题、测评及自动评分。评价人员（如校内评估专家）的全部评分过程都在计算机上进行，管理员和信息录入人员可以通过系统后台进行管理，测评人员通过系统前台进行管理，由计算机自动完成试题的评分，并能自动对测评结果进行资料统计。

（一）可行性分析

可行性分析的目的是用最小的代价在尽可能最短的时间内解决问题。该系统的可行性分析包括以下几个方面的内容。

1. 社会因素方面的可行性

本系统用于高职院校教学质量评价，无法律和政策方面的限制。

2. 经济方面的可行性

本系统只需少量开发经费，对于高职院校来说在经济上还是可以接受的，且系统实施后能显著提高教学质量评价的效率，有助于学院完全实现网络化管理。

3. 技术方面的可行性

技术上的可行性分析主要分析系统所拥有的技术条件是否能帮助顺利完成开发工作，硬、软件能否满足开发者的需要等。

（1）软件方面。网络化教学质量评价系统需要的各种软件环境都已具备，数据库服务器方面有 SQL Server 2005 能够处理大量数据，系统的软件开发平台已成熟可行。

（2）硬件方面。科技飞速发展的今天，硬件更新的速度也越来越快，容量越来越大，可靠性越来越高，价格越来越低，其硬件平台完全能满足此系统的需要。

综上所述,此系统开发目标已明确,在技术和经济等方面都可行。

(二)用户需求分析

通过与相关的专家、督导教师进行座谈讨论得知他们希望能有一个方便快捷的评价方法——在网上进行测评,这样可以不受时间和地点的约束,还可以大量减轻统计人员收集评分表和统计评分结果等多环节的工作量。结合相关教师和督导人员、测评人员的综合要求,我们设计开发了一个适合我院实际情况的教学质量评价系统。

(三)系统功能需求分析

结合高职院校当前教学质量评价的实际情况,本系统应该具有以下功能。

1. 管理方(系统维护)功能

(1)用户管理的设置。包括用户(如评分人)管理、权限管理、用户组管理及用户关联用户组的设置。

(2)权限的管理。包括权限的分配(如为评分人分配评分权限)、系别管理、专业管理、年度及学期管理。

(3)系统维护。

2. 基础信息功能

(1)督导室操作员在网上录题。

(2)分项目管理的增加、删除、修改、更新、搜索、排序。

(3)主项目管理的增加、删除、修改、更新、搜索、排序。

(4)评价内容试题的增加、删除、修改、更新、搜索、排序。

(5)评价主体增加、删除、修改、更新、搜索、排序。

(6)评价主体与内容关联的设置。

3. 评价管理功能

(1)用户登录,评分人员在线评分答题。

(2)答题结束,提交试题,并保存试卷内容。

(3)成绩查询。测评人员在答卷结束后方可查看评分结果,并且只允许查看本人测评的结果。

(四)系统功能模型

根据用户需求,结合系统功能分析,建立相应的功能模型,从而更直接地反映用户对目标系统的需求。

1. 用户登录功能模型

模块的用例如图 6.1 所示,反映了系统门户访问的情况。用户登录在系统中是特别重要的一个模块,它是多个角色的用户进入系统的一个门户平台。这个平台是用户的入口点,不同角色的用户拥有的访问权限是不同的。对于用户来说,它一定要体现更加方便快捷的特点,但对于系统而言,应该能够把好门口,防止恶意的侵入。各种类型的用户信息,均采用安全的方式存放在服务器的数据库中,只有合法的注册过的用户才能够正常登录。出于安全的考虑,本系统所有用户由管理员分配权限,管理员对其进行添加、删除等管理操作,而没有采用通过网络动态注册的新用户,这样就可以防止恶意的破坏分子盗用重要信息进行注册等操作。

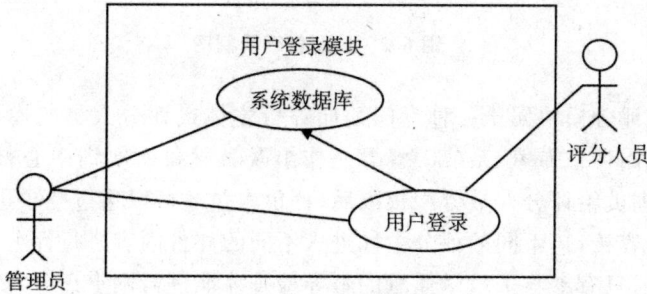

图 6.1 用户登录用例图

2. 题库管理功能

题库管理模块属于一种比较高级的功能,考虑到系统的安全性和管理的合理性,在本系统中只有督导室操作员(以下简称操作员)在管理员给其分配权限的情况下才能够进行试题的增加、删除、修改和更新等操作;评分人员不能使用该项功能,防止乱改测试题。题库管理用例图描述了本模块的访问结构,如图 6.2 所示。

操作员在设计及编写评分标准时,应遵循以下原则:试题的组织与编写必须与评价内容和测试部门相吻合,在按评价内容组织测评题时,要考虑试题内容的科学性;不能有错误、有歧义性,表述要明确、无关联性;试题之间不能相互矛盾,具体的试题设计由操作员在督导教师的帮助下来把握。

3. 在线评分模块功能

在线评分模块是网络教学质量评价系统的主要模块,它主要实现了评价系统显示评价内容、显示试题、在线测评、试题提交和自动评分等功能。由于采用 Web 技术实现,所以从理论上讲,测评人员可以在任何时间和任何地点进行测试。

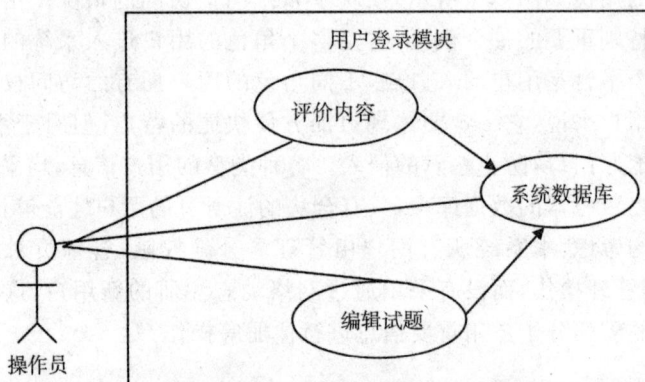

图 6.2　试题管理用例图

在线评分模块属于一种专门面向评价主体或评分人员的模块,评分人员包括校内评估专家、系(部)督导工作组及教学科研实训中心督导工作组人员,管理员给评分人员分配权限后,评价人员才可以通过登录进入其对应的评价内容接口,不同的评分主体进入不同的评价内容进行评分,他们不能随便打分,只有参与了教学质量的督导检查才能进行网上评分,要做到客观公正公平,因此,本模块能够为各类评价人员提供其评价内容,并能够接受评价人员输入的信息,在测评结束后由系统自动完成评分功能。如图 6.3所示在线答题用例图,描述了本模块的访问结构。

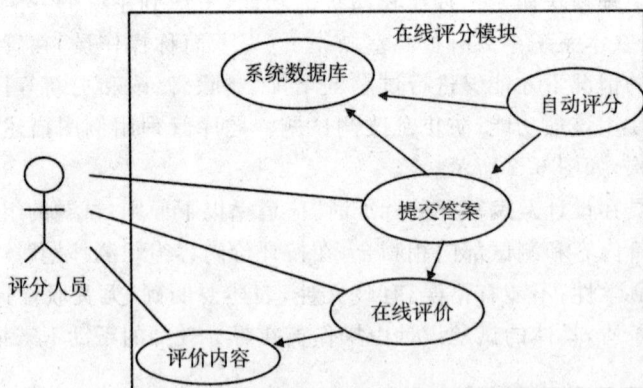

图 6.3　在线评分模块图

二、系统的设计

本系统的开发平台如下。

操作系统层安装 Microsoft Windows Server 2008 enterprise 或 Win7 或 vista 操作系统。

数据库系统层安装 SQL Server 2005 数据库服务器和 Microsoft ASP. NET 2.0 AJAX Extensions。采用 B/S 三层结构模式，以 Visual Studio. NET 和 C♯编程语言作为开发工具，以 Microsoft SQL SERVER 2005 作为系统的后台数据库开发。

(一)Visual Studio. NET 开发工具

Visual Studio. NET 是 Microsoft 的第二代开发工具，用于构建和部署功能强大且安全的连接 Microsoft. NET 的软件。这种开发工具能提高软件开发人员的效率，使设计师能够更好地科学管理开发过程以及支持开放式的 Web Service 架构，支持 22 种第三方开发语言。

(二)C♯编程语言

C♯是微软公司为了能够完全利用 . net 平台优势而开发的一种新型编程语言。C♯语言从 C 和 C++演变而来，C♯具有更加现代、简单、面向对象和类型安全等优点。

(1)简单。C♯中许多复杂的、不安全的操作都已取消。

(2)现代。C♯建立在当前的潮流上，对于创建相互兼容的、可伸缩的、健壮的应用程序来说是非常强大和简单的。

(3)面向对象的。

(4)类型安全。

(5)相互兼容性。

(6)可伸缩性和可升级性。

(7)与 Web 开发相结合。新的开发模式意味着需要更好地利用现有的各种 Web 标准，例如 HTML，XML，SOAP(简单对象存取协议)等。现存的开发工具是在 Internet 出现前或是未得到充分应用前出现的，所以都不能很好地适应目前 Web 技术的开发需要。

(三)ASP. NET 编程框架

ASP. NET 是建立在公共语言运行库上的编程框架，可用于在服务器上生成功能强大的 Web 应用程序。

ASP. NET 有以下优点。

(1)增强的性能。ASP. NET 是在服务器上运行的编译好的公共语言运行库代码。与被解释的前辈不同,ASP. NET 可利用早期绑定、实时编译、本机优化和盒外缓存服务。这相当于在编写代码行之前便显著提高了性能。

(2)世界级的工具支持。ASP. NET 框架补充了 Visual Studio 集成开发环境中的大量工具箱和设计器。WYSIWYG 编辑、拖放服务器控件和自动部署只是这个强大的工具所提供功能中的少数几种。

(3)威力和灵活性。由于 ASP. NET 基于公共语言运行库,因此 Web 应用程序开发人员可以利用整个平台的威力和灵活性。. NET 框架类库、消息处理和数据访问解决方案都可从 Web 无缝访问。ASP. NET 也与语言无关,所以可以选择最适合应用程序的语言,或跨多种语言分割应用程序。另外,公共语言运行库的交互性保证在迁移到 ASP. NET 时保留基于 COM 的开发中的现有投资。

(4)简易性。ASP. NET 使执行常见任务变得容易,从简单的窗体提交和客户端身份验证到部署和站点配置。例如,ASP. NET 页框架可以生成将应用程序逻辑与表示代码清楚分开的用户界面,以及在类似 Visual Basic 的简单窗体处理模型中处理事件。另外,公共语言运行库利用托管代码服务(如自动引用计数和垃圾回收)简化了开发。

(5)可管理性。ASP. NET 采用基于文本的分层配置系统,简化了将设置应用于服务器环境和 Web 应用程序。由于配置信息是以纯文本形式存储的,因此可以在没有本地管理工具帮助的情况下应用新设置。此"零本地管理"哲学也扩展到了 ASP. NET 框架应用程序的部署。只需将必要的文件复制到服务器,即可将 ASP. NET 框架应用程序部署到服务器。即便是在部署或替换运行的编译代码时,也不需要重新启动服务器。

(6)可缩放性和可用性。ASP. NET 在设计时考虑了可缩放性,增加了专门用于在聚集环境和多处理器环境中提高性能的功能。另外,进程受到 ASP. NET 运行库的密切监视和管理,以便当进程行为不正常(泄漏、死锁)时,可就地创建新进程,以帮助保持应用程序始终可用于处理请求。

(7)自定义性和扩展性。ASP. NET 随附了一个设计周到的结构,它使开发人员可以在适当的级别"插入"代码。实际上,可以用自己编写的自定义组件扩展或替换 ASP. NET 运行库的任何子组件。实现自定义身份验证或状态服务一直没有变得更容易。

(8)安全性。借助内置的 Windows 身份验证和基于每个应用程序的配置,可以保证应用程序是安全的。

(四)系统的体系结构

本系统采用 B/S 三层结构模式,由浏览器、应用服务器、数据库服务器共同组成。采用 B/S 架构软件维护升级方便,所有应用程序和数据库都存放在数据中心,升级更新程序客户端无需任何操作,实现了客户端零维护。客户端无需保存数据,数据一致性、安全性及实时性大大提高,网络带宽限制小。架构平台与实现模型如图 6.4 所示。

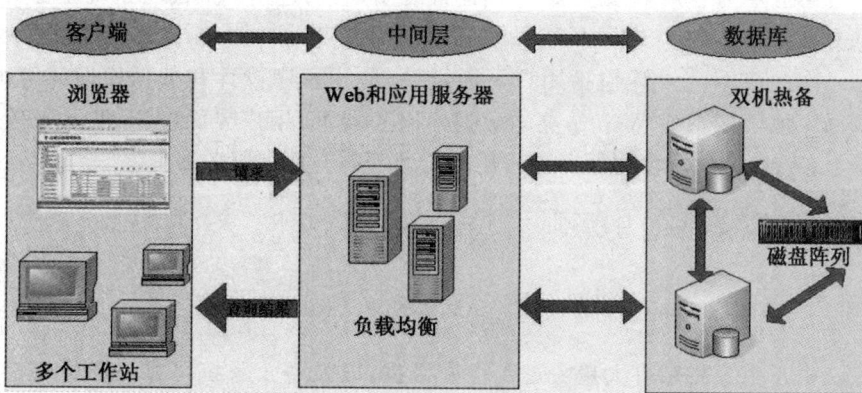

图 6.4　架构平台与实现模型

系统体系结构如图 6.5 所示。

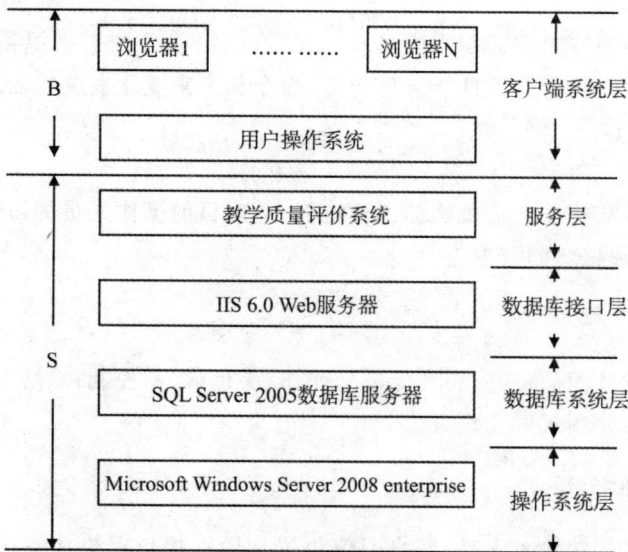

图 6.5　系统体系结构图

从图 6.5 中可以看出,系统体系结构是按层次安排的:最低层是操作系统层 Microsoft Windows Server 2008 enterprise;

第二层是数据库系统层 SQL Server 2005 数据库服务器;

第三层是数据库接口层,通过应用服务器将数据信息采集到各接口系统中;

第四层为服务层,通过 ASP 与应用服务器进行信息交换,同时通过 HTTP 与 Browser 进行信息交换;

第五层为客户端系统层,它面向最终用户,通过用户页面与系统进行信息交换。

因此该系统设计包括用户页面设计、应用程序设计和数据库设计等。数据库位于该系统 Web 站点的数据库服务器上,用户界面位于 Web 服务器上,Web 服务器和数据库服务器可同处于同一物理服务器上。

(五)系统设计的原则

1. 高可靠性和安全性

由于系统将存有大量关键及保密数据,以及整个系统可靠性和稳定性的要求,系统设计应充分考虑防止内部和外部的非法访问、非法操作,系统具有容错功能,以保障系统高可靠性地运行。

2. 先进性

所提供的技术在近期内应具有一定的先进性,并与未来提供的新技术具有兼容性。数据库设计能满足历史、当今和未来变化发展的需求。

3. 实用性

系统遵从相关管理机构的工作流程,适应目前工作人员的习惯,接受多种类型、多种格式的数据。

4. 易用性

系统设计面向最终用户,保证易操作、易理解、易控制;系统对所出现的问题能够及时预报并合理解决。

5. 标准性

系统采用的输入文件、网络通信协议和数据接口严格执行国家有关标准和行业标准,如《国家计算机软件工程规范》和 ISO9000 系列标准。

6. 可扩展性

系统具有良好的升级和扩展能力,提出的解决方案应能满足该系统业务发展的需要,方便扩大应用范围和提高应用水平,系统应便于维护、升级和扩充,并具有支持多种接口的能力;保证产品化开发的成功和后续产品升级的功能,从而改善系统功能。

7. 经济性

系统设计在满足用户需求的同时,还考虑了其经济性。

8. 可维护性

系统采用面向对象、模块化的开发技术,以便于系统的方便维护。

9. 快速响应性

系统采用数据大集中模式,并发人数最多可能达到 500 人甚至更多,系统主要用户,可在 5 s 内响应。

(六)设计功能的特点

(1)实现无纸化评价或评分。评分的结果均提交并存储在服务器上,测试题也是实时下载显示在机器的屏幕上,不需要卷子。

(2)有效的监控评分人员。对已参与评分的评价人员或评价主体,系统将拒绝其再注册进行评分,以保证测评的有效性。

(3)快速的自动评分。得出的答案全部存储在服务器中,利用自动评分系统可快速地对评分人员所做的答案进行评分,评分结果全部登录到数据库中。

(4)用户管理和权限控制整个系统。包括系统管理员、操作员和评价人员三种权限,系统管理员拥有所有权限,主要是对评分人员、题库和试卷的管理,操作员可以查看该试题的测评结果并可进行各种统计分析,评价人员只可以进行测评和查询评分结果。

本部分从本系统的实际需求出发,首先对系统的开发和运行平台的选择进行论述;然后分析了本系统所采用的 B/S 结构模式的系统体系结构;接着给出了系统设计的原则和设计功能的特点,通过以上分析为下一步进行详细设计作好充分的准备。

第二节　教学质量评价软件系统的设计

一、系统功能的详细设计

根据上述可行性分析、用户需求分析和系统需求分析的要求,我们对该系统分模块进行设计开发,主要用来对整个系统的所有用户进行全面的管理。根据网络评价的特点,可以将其分为前台和后台两个部分进行设计,分别对应评分人员和管理员、操作员。系统前台主要用于测评人员或评价主体在线测评和查询测评结果;后台主要用于管理员和督导室操作员进行系统维护、权限管理和试题信息管理。

如图 6.6 系统功能模块图所示,系统由测评人员端子系统、录入基础数据操作员端子系统和管理端子系统三个部分组成。这三个部分所面向的用户身份不同,每一个模块各自的功能也不同。

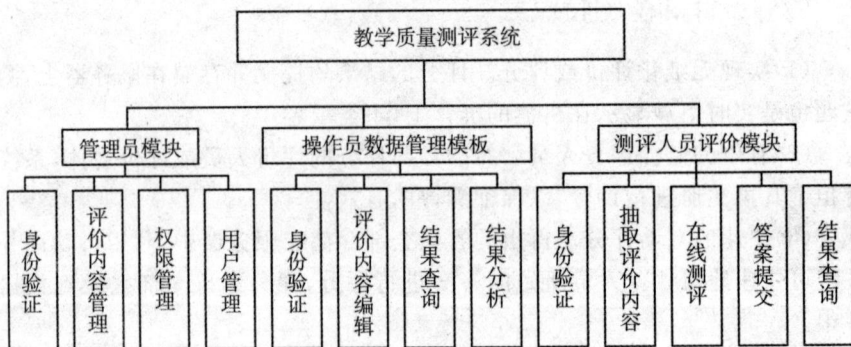

图 6.6　系统功能模块图

(一)测评人员在线评价模块

测评人员在线评价模块的主要功能是实现测评人员在线测评和测评后的评分结果查询。此模块包括身份验证、抽取评价内容、在线测评、答卷提交、成绩查询等功能。

1. 身份验证

管理员给测评人员分配权限后,测评人员在用户登录页面输入自己的信息,单击"确定"后,进入信息处理程序(在服务器端执行),如果信息不正确(信息错误,系统会认为是非法人员),则系统会给出提示信息,并重新定位到登录页面;如果信息正确,则显示评价内容。

2. 在线评价

将生成的试卷以网页的形式发放给测评人员,以进行在线评价。此部分主要负责测试人员从开始测评到测评结束的全过程。测评人员在规定的权限内进行测评。

3. 答卷提交保存

测试结束后,点击"答完交卷"提交给服务器予以保存并评分。另外,系统会对评分人员的测试结果进行定时保存,以便测试中断以后能够让评分人员继续进行测试。考试流程图如图 6.7 所示。

4. 成绩查询

评价人员提交答完交卷后,系统将自动评分,并将成绩保存到相应的数据库中。

(二)督导室操作员试题管理模块

操作员试题管理模块的主要功能是维护系统中评价内容的编辑、设置、测评人员评价结果的查询和分析等。由以下 4 个子模块组成。

(1)身份验证。主要是对操作员的用户名和密码进行验证,以确认身份和其拥有的相应权限。

(2)组题。根据评价内容的需要,设计相应的试题及对试题进行添加、删除和修改及更新操作。

(3)在线评分。操作员对测评人员的答卷进行审核,并根据具体情况进行适当的调整,最后进行评分。

(4)评分结果查询。操作员可以查看每位测评人员对每项评价内容的评价结果,从而算出每项评价内容的最终得分。根据得分情况,可以对每项评价内容进行分析。

(三)管理员管理模块

管理员管理模块的主要功能是对系统进行维护和管理,同时进行测试试题的维护和管理,管理员工作流程图如图 6.8 所示。由以下 5 个子模块组成。

(1)身份验证。主要是对管理员的用户名和密码是否正确进入接口来进行验证,以确认其身份。

(2)用户管理。管理员对用户和部门进行管理、对用户组进行管理、对用户进行关联用户组管理。对系统所有用户的用户名和密码进行日常的维护。

(3)权限管理。管理员对系统所有用户进行权限的设置,负责对系别、专业、年度、学期、评价内容和在线评价进行权限的管理。

(4)试题管理。主要是对评价的内容进行添加、删除、修改等操作。

(5)评分结果管理。管理员对所有的评分结果进行管理,使其不受破坏。

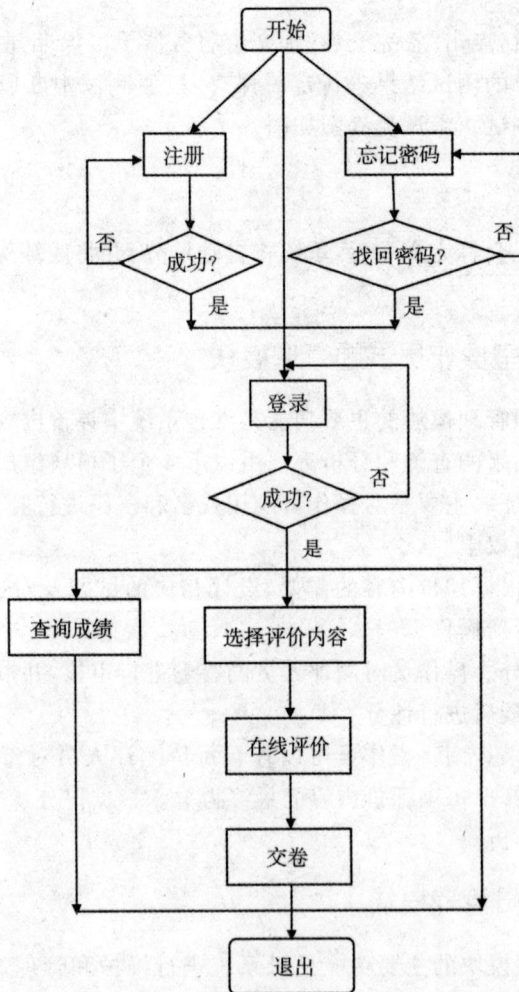

图 6.7　测试人员测试流程图

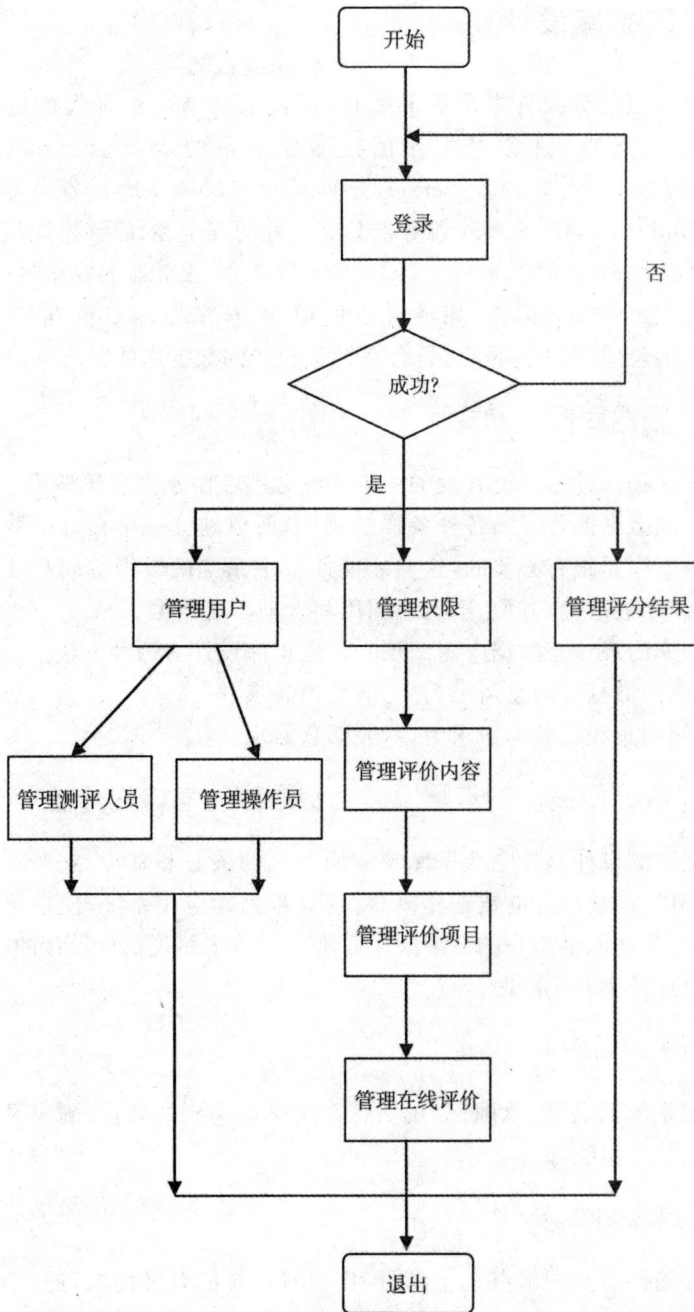

图 6.8　管理员工作流程图

二、数据库设计

由于本系统涉及许多数据的处理,因此需要有一个强大的后台数据库管理系统支持。本系统采用的是微软公司的 Microsoft SQL Server 2005,原因如下:第一,SQL Server 与 Windows 2008 Server 服务器紧密集成,而 Windows 2008 Server 服务器具有很好的安全性,能够排除所有未经授权的非法用户的访问,确保了 SQL Server 2005 服务器的安全性,符合系统对安全性的要求;第二,用户可以使用 Web 浏览器查询存储在 SQL Server 2005 数据库中的数据,符合系统远程访问数据库的要求。

(一)数据库设计的原则

数据库的设计是系统开发的关键步骤之一。由于高职教学质量评价系统涉及大量数据的管理和各种各样的操作,所以建立一个良好的数据组织关系与数据库是很有必要的,这样才能使整个系统的数据之间相互共享拥有的资源,才能准确、方便、迅速地调用和管理所需数据。

数据库的设计是数据应用的核心。数据库设计有两种方法。

(1)面向数据。信息需求为主,兼处理需求。

(2)面向过程。处理需求为主,兼信息需求。

(二)数据库设计的步骤及设计数据库应考虑的问题

数据库的设计是建立数据库及应用系统的核心和基础,它要求对指定的应用环境,构建较优的数据库模式,建立数据库应用系统,使系统能有效存储数据,从而满足用户的各种应用需求。一般按照规范化设计的方法,将数据库设计分为若干阶段。

1. 系统规划阶段

确定系统的名称、范围;分析估算系统可能达到的效益;确定系统设计的原则和技术路线等。

2. 需求分析阶段

在详细调查用户的基础上,明确用户对系统的各种需求,通过对组织、部门等进行详细调查,在确定新系统功能的过程中,收集支持系统目标的基础数据及其处理的办法。

3. 概念设计阶段

反映企业各组织信息需求的数据库概念结构,即概念模型。概念模型必须具备丰富的语义表达能力、易于交流和理解、易于变动、易于向各种数据模型转换、易于从概念模型导出与 DBMS 相关的逻辑模型等特点。

4. 逻辑设计阶段

逻辑设计阶段除了要把 E-R 图的实体和联系类型,转换成选定的 DBMS 支持的数据类型,还要设计子模式并对其进行评价;为了使模式适应信息的不同表示,最后要优化模式。

5. 物理设计阶段

物理设计阶段主要任务是对逻辑数据模型在物理设备上的存储结构和存取方法进行设计。数据库物理结构依赖于给定的计算机系统,而且与具体选用的 DBMS 密切相关。物理设计常常包括某些操作约束,如响应时间与存储要求等。

6. 系统实施阶段

系统实施阶段即数据库运行和维护阶段。

在设计数据库系统时,重点考虑因素有:数据库必须层次分明,布局合理;数据库必须高度结构化,保证数据的结构化、规范化和标准化,这是建立数据库和进行信息交换的基础。数据结构的设计应该遵循国家标准和行业标准,尤其是要重视编码的应用。在设计数据库时,一方面要尽可能地减小冗余度,减小存储空间的占用;另一方面,还要考虑适当的冗余,以提高运行速度和降低开发难度。

(三)数据项和数据结构的设计

通过上述分析和需求总结,设计如下的数据项和数据结构。

(1)管理员信息,包括数据项:用户名,密码。

(2)用户基本信息,包括数据项:姓名,用户名,密码,性别,显示顺序,所在机构或部门,岗位,是否有效。

(3)部门管理信息,包括数据项:部门名称,上级机构或部门。

(4)专业管理信息,包括数据项:系别,专业名称。

(5)主项目管理信息,包括数据项:评价内容,主项目,备注。

(6)分项目管理信息,包括数据项:评价内容,主项目,分项目,说明等。

（7）评价管理信息，包括数据项：年度，学期，系别，专业，班级，评价主体，评价人，评价时间，得分。

（8）评价明细表信息，包括数据项：自增编号，主表关键词，分项目，单项得分等。

（9）评价内容信息，包括数据项：评价内容，创建人，创建时间，修改人，修改时间。

（四）数据库概念模型设计

目前较为流行的概念模型设计方法是实体联系方法（Entity Relationship Approach，E-R 方法），它是描述概念模型的有力工具。

E-R 图提供了表示实体、属性和联系的方法，其中实体型用矩形表示，属性用椭圆形表示，联系用菱形表示。

通过对现实世界概念模型的抽象，确立教学质量评价系统的实体为：测评人员、管理员、教师、选题、试题、测评结果。其中测评人员、管理员是两个重要的实体。其中，管理员实体与其他实体之间的关系如图 6.9 所示。测评人员实体与其他实体之间的关系如图 6.10 所示。

（五）数据库表设计

设计好数据库的概念结构，就可以将其转化为某种数据库系统所支持的实际数据模型，即数据库的逻辑结构。

本文简单列出了系统数据库中的几个表，每个表格表示数据库中的一个表。

表是在数据库中存放数据的场所。"表"都有一些共同的特性，一是表中可以存储数据，二是这些数据在表中都有很规则的行列位置。要想建立一个数据库，先要建立表。

一个数据库可以不只一张表，但是所有资料表的名称必须是唯一的。同一数据库中的表可以是相关联，也可以相互独立的。

该系统包含多个表，每张表存储着该系统某项功能的数据信息，经过分析，所开发的教学质量评价系统应有 6 个数据表，其中最重要的数据表是用户基本信息表（User basic information table）、评价主体信息表（Evaluation of the main information table）、组织机构信息表（Organization information table）、评价内容信息表（Evaluation of content information table）、分项目信息表（Sub-item information table）、评价明细表（Evaluation detail table）等。

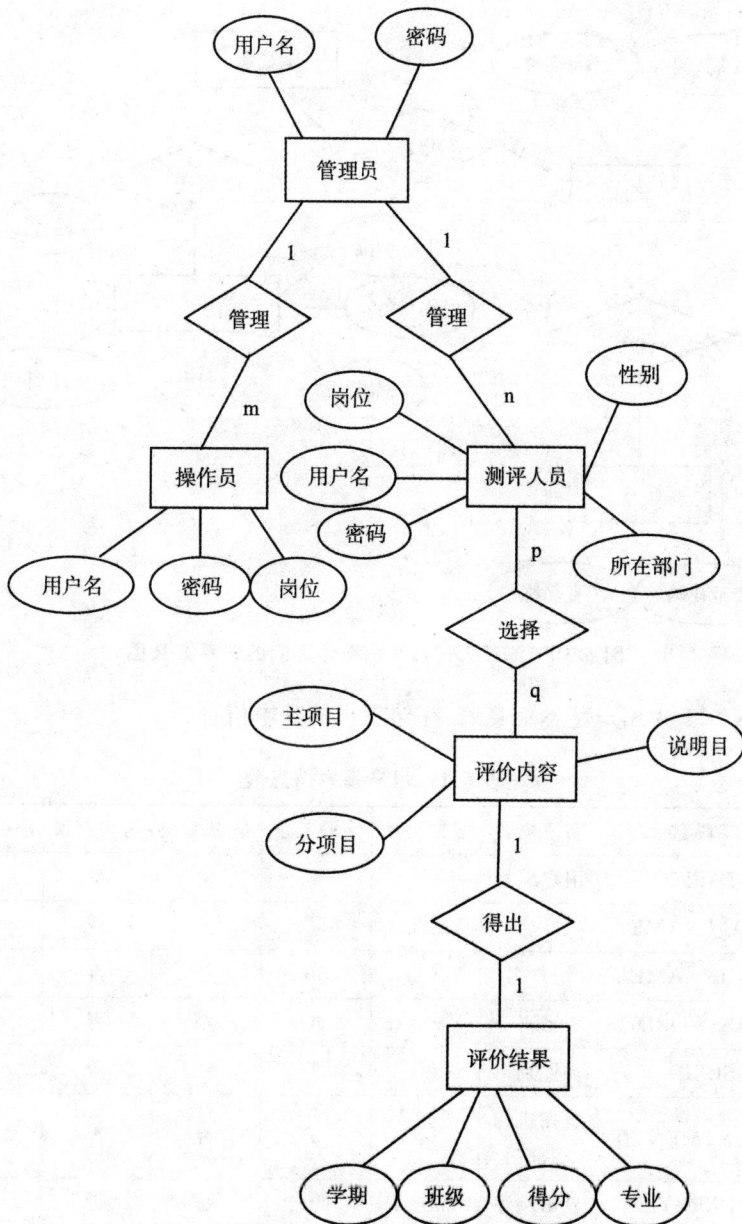

图 6.9 管理员与其他实体之间的 E-R 图

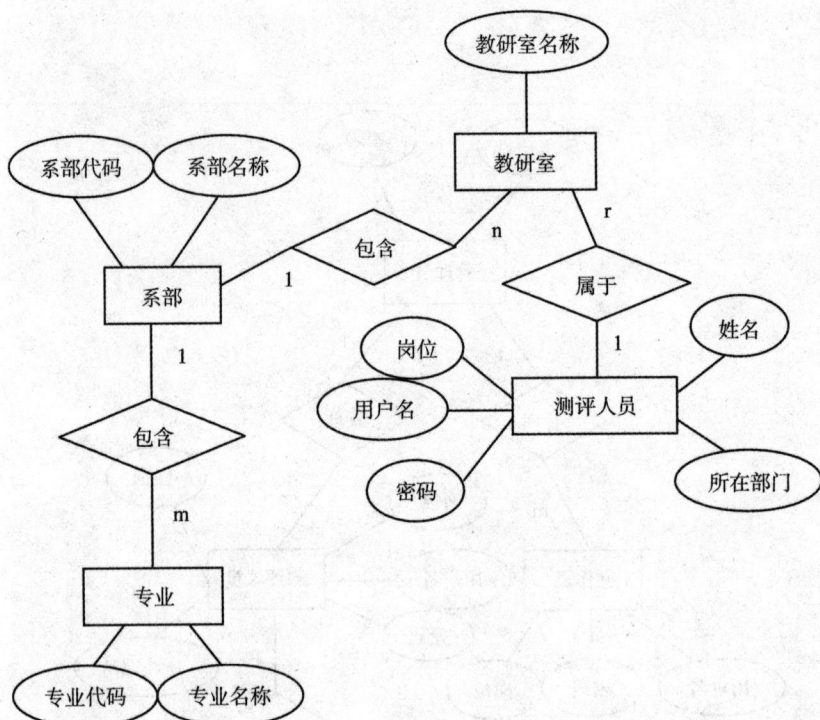

图 6.10　测评人员与其他实体之间的关系 E-R 图

表 6.1 为用户基本信息表,存储用户的基本信息。

表 6.1　用户基本信息表

字段名	字段描述	数据类型	字段长度	是否主键	是否自增	是否为空
STAFFID	用户编号	Int	4	是	是	是
STAFFNAME	姓名	Varchar	60	否	否	否
LOGINNAME	用户名	Varchar	60	否	否	否
PASSWORD	密码	Varchar	60	否	否	否
SEXID	性别	Int	4	否	否	是
DEPARTMENTID	所在机构或部门	Int	4	否	否	否
ORDERBYID	显示顺序	Varchar	50	否	否	是
DUTYID	岗位	Int	4	否	否	是
ISVALID	是否有效	int	4	否	否	是

表 6.2 为评价主体信息表,用于存放评价主体的内容。

表 6.2　评价主体信息表

字段名	字段描述	数据类型	字段长度	是否主键	是否自增	是否为空
DUTYID	评价主体编号	Int	4	是	是	是
DUTYNAME	评价主体	Varchar	500	否	否	否
ORDERID	顺序	Int	4	否	否	是

表 6.3 为组织机构信息表,对机构的基本信息进行描述。

表 6.3　组织机构信息表

字段名	字段描述	数据类型	字段长度	是否主键	是否自增	是否为空
DEPARTMENTJCH		Varchar	100	否	否	是
DEPARTMENTID	机构(部门)编号	Int	4	是	是	是
DEPARTMENTNAME	部门名称	Varchar	100	否	否	否
ORDERBYID	顺序	Varchar	50	否	否	是
PARENTID	上级机构或部门	Int	4	否	否	是
DESCRIPTION	备注	varchar	4000	否	否	是

表 6.4 为评价内容信息表,用于对评价内容信息教学描述。

表 6.4　评价内容信息表

字段名	字段描述	数据类型	字段长度	是否主键	是否自增	是否为空
SYSID	自增编号	int	4	是	是	是
PingJNR	评价内容	Varchar	500	否	否	否
ChuanJR	创建人	Creater	50	否	否	是
ChuangJShJ	创建时间	Creattime	50	否	否	是
XiuGR	修改人	Updater	50	否	否	是
XiuGShJ	修改时间	updatetime	50	否	否	是

表 6.5 为分项目信息表,用于描述分项目的信息。

表 6.5　分项目信息表

字段名	字段描述	数据类型	字段长度	是否主键	是否自增	是否为空
SYSID	自增编号	Int	4	是	是	是
PingJNR	评价内容	Varchar	50	否	否	否
ZhuXM	主项目	Varchar	50	否	否	否
FenXM	分项目	Varchar	8000	否	否	否
ShuoM	说明	Varchar	9999999	否	否	否

表 6.6 为评价明细表,用于描述评价的基本情况。

表 6.6　评价明细表

字段名	字段描述	数据类型	字段长度	是否主键	是否自增	是否为空
SYSID	自增编号	Int	4	是	是	是
ZhuBGJZ	主表关键词	Varchar	50	否	否	否
FenXM	分项目	Varchar	50	否	否	是
DanXM	单项得分	Varchar	50	否	否	是

　　本部分对测评人员在线评价模块、督导室操作员试题管理模块、管理员管理模块做了详细介绍;给出了系统数据流程图和总体功能结构图,并介绍了本系统在数据库方面的设计;通过以上关键设计已经为下一步进行设计实现做好了充分准备。

第三节　系统的实现及系统中
关键问题的解决

　　本系统是一个充分利用网络资源、Internet、ASP. net 与 Web 数据库技术、以 B/S 模式为总体结构、功能比较完善的网络教学质量评价系统,操作简单、接口友好,测评人员能集中精力进行测评,测评速度快,并且能自动出评分结果,保证整个测评过程的真实性。对于督导操作员,该系统能够进行自动阅卷,省去了评分、算分等烦琐工作,大大减轻了工作强度,提高了工作效率,减少了资源的浪费。同时,该系统具有较好的灵活性和通用性,对提高教学质量起到了积极的促进作用。

一、系统的实现

前面已提到,本系统所使用的操作系统层需安装 Microsoft Windows Server 2008 enterprise 或 Win7 或 vista 操作系统。

数据库系统层安装 SQL Server 2005 数据库服务器和 Microsoft ASP. NET 2.0 AJAX Extensions。采用 B/S 三层结构模式,以 Visual Studio. NET 和 C♯编程语言作为开发工具,以 Microsoft SQL Server 2005 作为系统的后台数据库开发。

除此之外,系统的实现还必须安装与配置 IIS,IIS 是 Internet Information Services 的缩写,意为互联网信息服务,是由微软公司提供的基于运行 Microsoft Windows 的互联网基本服务。

(一)IIS 的配置——以 Win7 为例

(1)进入 Win7 的控制面板,选择左侧的打开或关闭 Windows 功能。如图 6.11 所示。

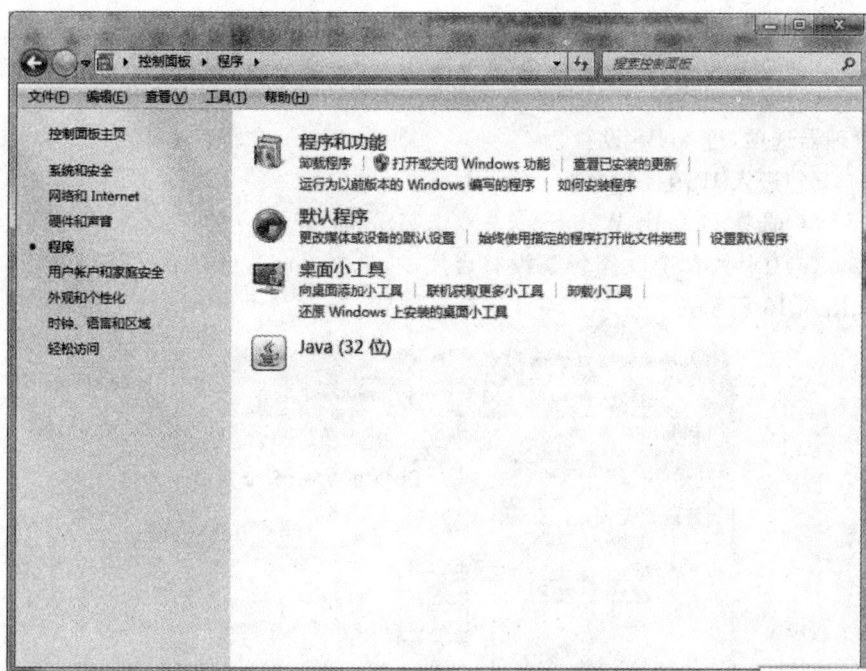

图 6.11　程序和功能图

（2）出现了安装 Windows 功能的选项菜单，注意选择的项目，我们需要手动选择需要的功能，下面这张图片把需要安装的服务都已经选择了，大家可以按照图片勾选功能。如图 6.12 所示。

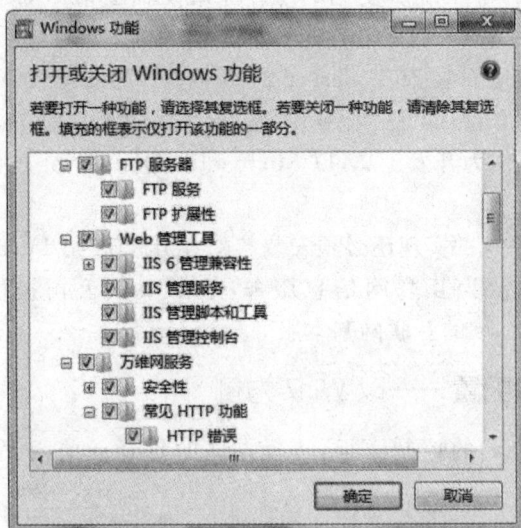

图 6.12　需要安装的服务勾选图

（3）安装完成后，再次进入控制面板，选择管理工具，双击 Internet(IIS)管理器选项，进入 IIS 设置。

（4）进入 IIS7 控制面板。

（5）选择 Default Web Site，并双击 ASP 的选项。

（6）IIS 中 ASP 父路径是没有启用的，选择 True，可开启父路径选项。如图 6.13 所示。

图 6.13　IIS 父路径图

（7）配置 IIS 的站点。单击右边的高级设置选项，可以设置网站的目录。

（8）点击右侧的绑定，设置网站的端口。

（9）点击默认文档，设置网站的默认文档。

（二）系统中关键问题的解决

本系统中所涉及的系统安全性设计、题库的编辑、在线测评、自动评分等问题是整个设计开发过程中的关键部分。

1. 系统安全性设计

"登录页面"是本评价系统的主页面。管理员输入正确的网址后可进入登录接口，输入正确的用户名和密码后可进入下一级 Web 页面中。如果用户名、密码和身份不相符合，则系统提示"信息错误"，建议用户重新登录。如图 6.14 为用户登录的界面。

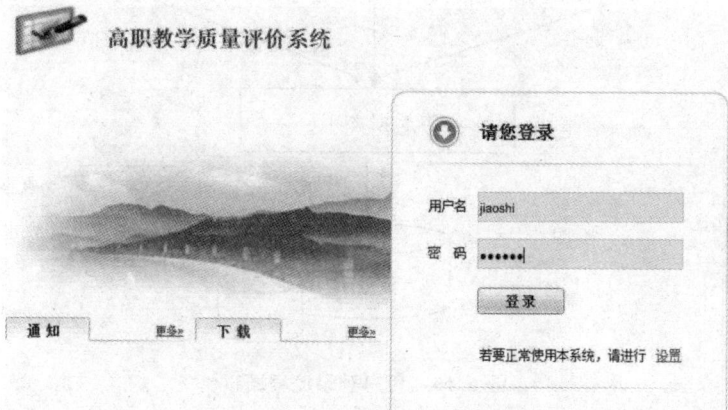

图 6.14　用户登录界面

用户登录过程实质上是一个验证过程，用户从登录页面中输入一些特定的信息，如用户的用户名和密码等，系统的登录模块首先从数据库获取该用户的具体信息，然后判断用户输入信息的正确性和合法性等，再根据用户的角色类型显示用户的下一步操作页面。不同角色的用户登录系统后进入不同的操作页面。督导教师和测评人员的登录都需要管理员提前设置好登录权限，才能进入各自的接口。如果是测评人员登录，显示在线测评的页面；如果是督导人员登录，则显示题库编辑接口。因此，用户登录模块起到重要的用户导向作用。如图 6.15 所示为系统用户登录流程图。

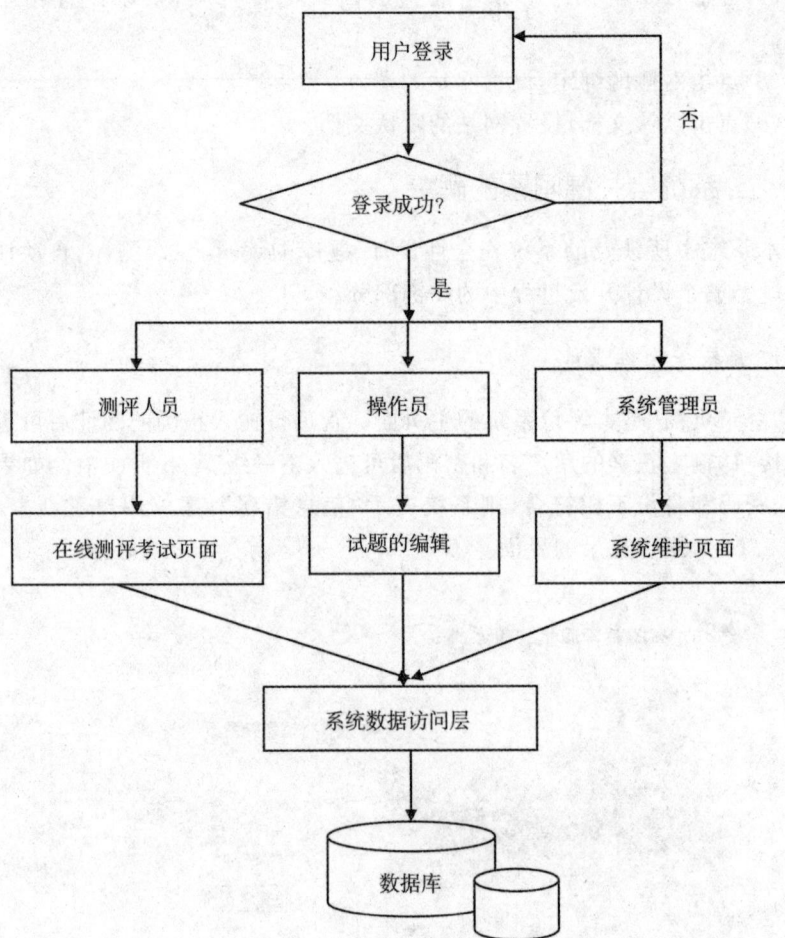

图 6.15　用户登录流程图

(1)系统管理员身份。管理员根据自己的用户名和密码进行登录,可以对操作员和评价人员设置权限,可以在线添加教学质量监控所涉及的系、专业、年度、学期,查看先前添加的系、专业、年度、学期,并随时进行修改或删除,也可以对用户和所涉及的部门进行查询和管理。

(2)督导室操作员身份。督导人员登录后可以对评价内容进行设置,进而可以在线添加与评价内容相关的试题、试卷,查看先前添加的试题、试卷,并随时进行修改或删除,也可以对评价人员的评分结果进行查询。

(3)测评人员(或评价人员)身份。测评人员输入相关的信息登录后可以在线测评,测评时不受时间和地点的限制,测评完成后点击提交,系统会自动评分,测出测评结果。

2. 题库的编辑

在本系统中,一个重要的部分就是对题库进行编辑。督导室操作员作为题库的编辑人员,可以不择时间、地点,在自己的计算机中通过浏览器进行试题录入工作,这些题目通过 Web 应用程序存储于后台 SQL 数据库中。

题库编辑模块主要包括评价主体、评价内容、主项目、分项目的添加、修改、删除和查询操作。

(1)试题的创建。以分项目的创建为例,其创建流程图如图 6.16 所示,操作员登录后进入"基础信息",点击分项目管理,选择其对应的评价内容和主项目,然后在分项目和说明中录入基础信息,添加试题,从而创建好试卷,形成整套用于测评的完整试卷。

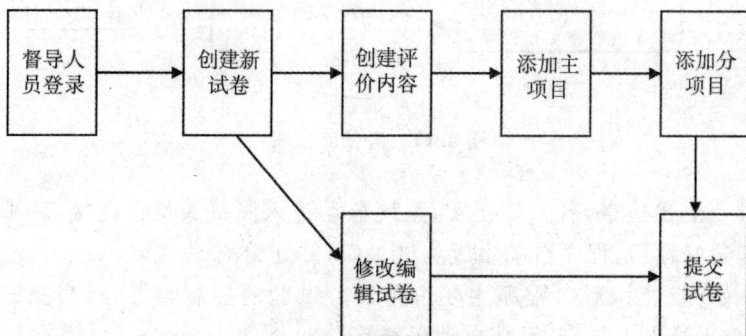

图 6.16　创建试卷流程图

本系统题型全部是选择题,答案只有四项,即优秀、良好、合格、不合格,在说明项中附加有相应的选项说明。

(2)试题的编辑。在试题管理功能模块中,录入评分试题的操作员既可以查看试题,也可以修改和删除已有的试题。

3. 在线测评

测评人员在线测评是网上评价系统的核心内容,具有测评组织方便、测评不受时间和地域的限制、可以降低测评成本等优点。本系统主要解决考试环境的设计、测评人员身份的认证,重点是系统的自动评分等。

(1)测评环境设计。测评环境的设计原则主要从方便测评人员测评方面进行分析和设计。要求评价系统整个页面为评价内容,评价人和评价的年度、学期、系别、专业、班级都清晰地显示在接口上。

(2)评价流程。网上评价测评流程如图 6.17 所示。测评人员首先登录,检查身份的合法性(主要是测评人员是否已正确登录),若测评人员身份非法,则系统提示拒绝测评。

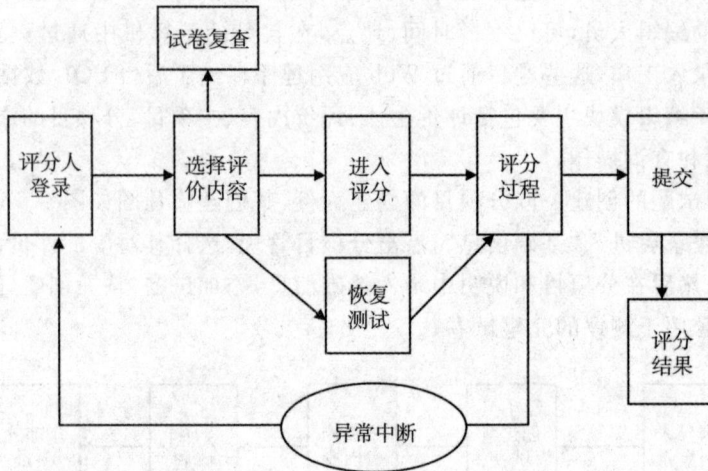

图 6.17　考试流程图

做完上述检查,若一切正常,系统自动进入测试人员选题接口,根据评价内容选好题后,程序自动生成测试接口,并开始测评。

开始测试后,后台程序主要进行评分试题的控制与管理,当测试完成后,评分人员点击提交,系统自动提交答卷。

(3)在线评价功能的实现。在线考试是评分人员的一个主要访问模块。评分人员可以通过该模块测评某一评价内容。从理论上讲,评分人员可以在任何时候、任何地方参加在线评分。评分人员通过登录模块进入评价系统,选择相应的评价内容进入在线评价页面。在线评价页面如图 6.18 所示。

图 6.18　在线评价页面

评价完成后,评分人员可以点击页面上面的"答完交卷"按钮,然后系统会弹出提示信息,提醒是否确定要提交试题。这样可以减少评价人员操作错误的机会。如果评分人确定要提交,可以点击"确定",否则点击"取消",评分人可以继续答题。一旦提交,评分人员将不能再次进入参与本次评价。

4. 自动评分

评价试题的自动评阅是线上评价系统必备的功能,可以快速客观地给出评分结果,使得网络评分系统真正做到快速、公平、公正。评价结果如何得出是本系统要解决的关键问题,在这里以专业质量评价为例来说明。

专业质量评价体系界定了 A、C 等级内涵,B 级界于 A、C 之间,低于 C 级的为 D 级,评价结论(Z)分为优秀(90 分以上)、良好(70～89 分)、合格(60～69 分)、不合格(60 分以下)四种,涉及 30 个评分值,其标准如下。

优秀(90 分以上):$D=0,C\leq4,A\geq25$,记 90 分,每增加一个 A 记 2.5 分。

良好(70～89 分):$D\leq2,16\leq A<25$,记 80 分,每增加一个 A 记 1 分。

合格(60～69 分):$D\leq11$,记 60 分,每减少一个 D,增加 2 分。

不合格(<60 分):$D>12$,记 59 分,每增加一个 D,减去 1 分。

本部分对本系统的功能进行了详细的展示及描述,评分人在线评分是网上评价系统的核心内容,使得评分人可以方便地进行评分,提交后实时得到评分结果。自动评分是系统的重点和难点。

题库是网络评价中的基础信息,它影响着评价结果是否客观,并为系统自动评分准备相应的数据,因此设计时非常关键。在本设计中并没有过多研究题库的创建,这将作为后续的一个研究方向。

第四节　系统的分析及实验结果评价

一、系统的分析

结合高职院校特点,本义以山西药科职业学院为实践基地开发了一个功能完善、结果量化的"教学质量监控系统",系统采用 B/S 三层结构模式,以 Visual Studio. NET 作为开发工具,以 Microsoft SQL Server 2005 作为系统的后台数据库,开发完成了专业质量、理论教学质量、实践教学质量、班级整体教学过程质量和学校整体教学质量评价等评价体系。

本系统的开发经历了系统需求分析、设计和编程三个阶段,力求提高软件的质量,避免错误的产生。但是,由于分析、设计和编程都是人工完成的,难免会出现各种各样的错误,这就需要我们对软件系统进行测试,找出存在的错误。测试完成后要上交测试报告,及时发现问题并提出解决方案,便于系统的维护与升级。

经过初步测试,本系统在服务器端和客户端均能正常运行。

二、评价方法

本系统运用前面第二部分中提到的开发环境,以山西药科职业学院为实验基地,采用黑盒测试的方法,进行专业质量、理论教学质量、实践教学质量、班级整体教学过程质量的评价,评价方法如下。

(一)专业质量的评价

由校内评估专家按照专业质量标准(专业质量评价标准见第五章)对学院各专业进行评价,得出每个专业的 Z 值,每学年进行一次。

(二)理论教学质量的评价

由各系督导小组按照理论教学质量标准(理论教学质量评价标准见第五章)每学期负责对每位任课教师的理论质量进行评价,得出该教师的 K 值。

(三)实践教学质量的评价

由实训中心督导小组按照实践教学质量标准(实践教学质量评价标准见第五章)每学期负责对每位实训教师的实践教学质量进行评价,得出该教师的 S 值。

(四)班级整体教学质量的评价

由系主任负责对该系班级的整体教学质量(班级整体教学质量标准见第五章)进行评价,得出该系班级的 C 值。

举例说明如下。

我们在有了上述四类标准、四类评价表、各类教学质量基本要素统计表,可以得出如下结果。

(1)某一学期,某位教师的教学质量为 $(K+S)/2$,若没有 S,即为 K;

(2)某系某班级的教学质量 C;

(3)某系某专业的教学质量 $P1=Z*20\%+C$专业$*80\%$;

(4)某系的教学质量 X 系则为该系所有专业的教学质量的平均值；

(5)全院的教学质量总评价分值 Y 为(假设有 n 个系，他们的教学质量评价分值分别为 X_1、X_2、X_3、$\cdots X_n$)

$$Y = \frac{x_1 + x_2 + \cdots x_n}{n}$$

以上结果全部量化，将评价结果分为四个等级。

A:90～100　优秀

B:70～89　良好

C:60～69　合格

D:0～59　不合格

三、教学质量评价结果抽样

2018 年 3 月 1 日—2018 年 4 月 30 日期间，评价人员采用教学质量新模式抽样在某医药类高职院校教学质量评价系统网站上对学院专业质量、理论教学质量、实践教学质量、班级整体教学质量进行考核。最后得出考核结果，部分考核结果如表 6.7～表 6.9 所示。

表 6.7　专业质量评价结果表

评价的专业	评价结果(分)
中药学	89
中草药栽培技术	67.8
中药生产与加工	87
药品安全与管理(中药鉴定与质量检测方向)	49
食品营养与检测	79
食品生物技术	81
药学	80
药物制剂技术	96
电子商务	78
药品服务与管理	73
物流管理	84
平均分	78.53
评价等级	良好

表 6.8　理论教学质量评价结果表

教师姓名	得分	教师姓名	得分
杨德花	89.2	刘鹏	90.5
康曼	90	葛蕾	91
李姝	92	张蓉	78
胡志刚	88	李青	87
王国妮	89.8	李峥	90
陈湘玲	87	王一	94
王丽峰	84.6	秦秉杰	80
温俊香	79	张丽	89
平均分	87.44	评价等级	良好

表 6.9　实践教学质量评价结果表

教师姓名	得分	教师姓名	得分
孙笑宇	90	杨晓燕	96
王诚刚	96	安光亮	87
赵雯	85	李刚	89
姜云莉	89	王学峰	94
贾文雅	86	徐丽霞	87
赵敏	90.2	赵晓燕	90
赵艳红	90	党莉	90
范张娇	89	成亮	95
平均分	90.2	评价等级	优秀

四、在线评价和评价结果图

在线评价样图和评价结果如图 6.19 和图 6.20 所示。

通过对教学质量评价系统的分析测试,实现了评价系统设计的初衷,得出了评价结果。

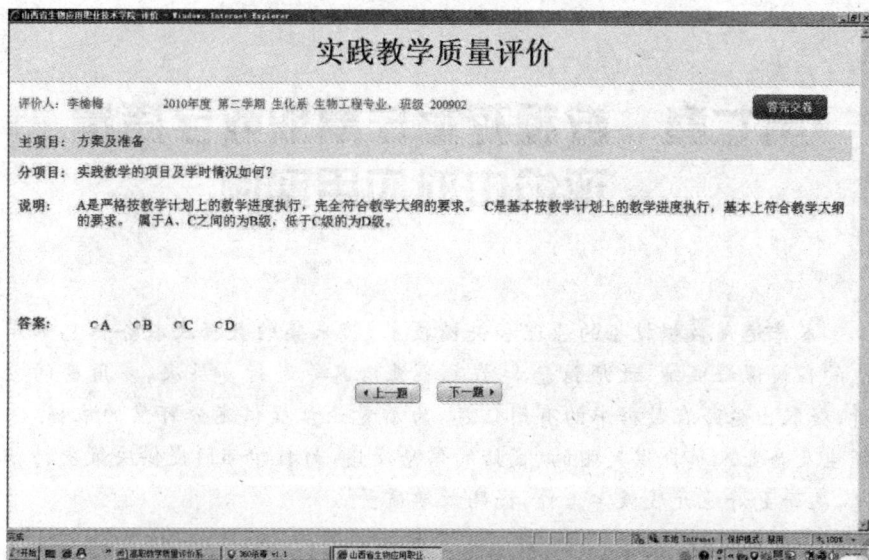

图 6.19 在线评价样图

您的评价结果：合格
您的评价分数：70

图 6.20 评价结果图

本系统采用 B/S 三层结构模式,以 Visual Studio. NET、C♯编程语言作为开发工具,以 Microsoft SQL Server 2005 作为系统的后台数据库,开发完成了专业质量、理论教学质量、实践教学质量、班级整体教学过程质量和学校整体教学质量的评价。在医药类高职院校教师及学生中进行测试,运行结果表明,该系统提升了管理效率,降低了管理成本,增强了学院的综合竞争力。

由于时间和技术有限,技术水准不够高,本系统还存在许多方面的工作尚未完善。比如在本设计中没有过多研究题库的创建,这将作为后期的一个研究方向。

第七章　数据挖掘在高职教学质量评价中的应用实例

本章运用数据挖掘的原理和关键技术,将采集的数据及教务信息如学生的在校课程成绩、教师信息和学生评教信息等进行多层次、多角度的分析,提取出隐藏在数据中的有用信息,为质量论证提供充分可靠的依据,为师生及企业人员提供充足的、良好的信息反馈,为教学部门提供决策支持信息,从而更好地开展教学工作,提高教学质量。

教务信息是高职院校丰富的资源。面对这些大量的数据,大多数院校并未对教务数据中的隐含信息进行挖掘和分析。本章将运用数据挖掘技术对采集的数据及教务信息如学生的在校课程成绩、教师信息和学生评教信息等进行多层次、多角度的分析,提取出隐藏在数据中的有用信息。

第一节　调研对象

学校每学期都要做课堂教学评价调查,积累了大量的数据,目前对教学评价主要基于数值计算,对学生评教做总结,将结果通报给老师,作为晋升职称、评优等的依据,但不曾做深层的思考,对其历史积累的海量信息中隐含的知识不能很好地挖掘。而对教学质量进行分析是教学评价的重要手段,采用先进技术对教学环节中产生的数据进行多层次、多角度的分析,利用分析结果辅助教学决策,是保证教学质量、提高学生素质和教师综合能力的必然要求。比如对教学评价数据进行数据挖掘,分析教学效果与教师的性别、年龄、职称、学位等的关联,找出课堂教学效果与教师整体素质的关系,合理调配班级上课的教师,可以使学生达到良好的学习状态和学习效果,从而为教学部门提供决策支持信息,促使更好地开展教学工作,提高教学质量。

教学质量评价系统主要涉及学院教学管理部门、校内各教学部门以及学院师生、企业人员等。师生和各相关单位的评价、查询和修改等活动都可以在校园网上进行。学校教学管理部门、校内各教学部门可以通过对采集到的大量评价数据进行查询、统计、分析、快速、准确地获取所需信息,能让学校的相关决策建立在科学可靠的基础上,能让教师发现自身的不足和薄弱环节,以便及时修正和提高。

本成果将开发的评价系统和原有的教务管理系统集成到一起,自动提取相关信息,对采集的数据利用数据挖掘提取其中隐含的信息,不仅对数据进行横向的比较分析,还对历年来的数据进行纵向的分析挖掘,发现和诊断问题,从而更好地指导教学。提取的大量样本数据来自山西药科职业学院和山西职业技术学院、天津生物工程职业技术学院及其他代表性的高职院校,数据库中总体评价记录累计 28 万余条,教学过程中分项详细评价记录累计 3 万余条,考试结束后分项详细评价记录累计 17 万余条,师生留言数据记录近 1 万条。大量的评价数据为数据挖掘工作的实施奠定了良好的基础。

将数据挖掘的目标确定为,通过对教学质量评价数据及其相关数据进行数据挖掘,从中找到影响教学质量评价结果的因素,从而针对这些影响因素进行分析并提出提高教学质量的方法。比如教师个人因素对评价结果的影响分析,选用学生评价数据作为分析对象,分析教师性别、教师学历、教师年龄、职称等综合因素与教学质量评价分数的关系;再比如教师授课课堂相关属性对评价结果的影响分析,可从课堂学生人数、课程学时、课程属性以及课堂相关属性综合因素与教学质量评价分数的关系进行分析。

在分析教师评价数据时,使用的是关联规则;在分析学生 3 个学期的成绩变化时,使用的是关联规则;在找到学生计算机基础成绩的影响因素时,使用的是决策树分析。下面将从 4 个案例对采集到的数据进行数据挖掘。

第二节 关联规则算法在高职教学质量评价中的应用研究

在山西药科职业学院和天津生物工程职业技术学院教学质量评价系统中进行信息采集,系统中积累了大量评价数据,而且这些评价数据还在不断增加,面对这些复杂的数据,怎样从中分析出教师在课堂教学中存在的问题,以及如何提高课堂教学质量,从而有效地进行教学管理是教师和管理者共同关心的问题。

基于以上需求,将目标确定为对教学质量评价数据及其相关数据进行数据挖掘,从中找到影响教师教学质量评价结果的因素,针对这些影响因素分析并提出提高教学质量的方法。下面以山西药科职业学院和天津生物工程职业技术学院为例,对教师综合能力进行挖掘得到如下结果。

一、案例研究——以山西药科职业学院为例

（一）数据的选取

1. 挖掘模型的建立

对教学质量评价系统、数据平台信息系统中数据结构进行分析，围绕教师个人因素和教师授课课堂属性两个方面分别建立挖掘模型。

（1）教师个人因素挖掘模型。教师的性别、年龄、职称、学历学位等个人因素，与教师教学质量之间可能存在着一定的关系。因此建立了教师个人因素挖掘模型，通过对这些因素与教学质量评价结果之间的联系进行分析，从而发现影响教学质量的相关因素。

（2）教师授课课堂属性挖掘模型。在实际教学运行的过程中，除了教师个人因素对教学质量评价结果产生的影响外，课程学时的长短、课程对于选课学生在教学计划中的属性，以及课堂选课人数的多少等因素也可能对评价结果产生一定的影响。因此，建立了教师授课课堂属性挖掘模型，通过对课堂相关属性与教学质量评价结果之间的联系进行分析，发现影响教学质量的相关因素。

2. 数据抽取

数据抽取在数据仓库中的作用是有效地控制数据仓库的规模，只装载对用户分析处理需求有用的数据到数据仓库中去，并且只关心与需求有关的数据的变化情况。

（1）从教学质量评价系统数据库中抽取的基本表如下。

总体评价结果表（XNXQ，XH，KCH，JSH，ZTPJ，PF）。

教师表（JSH，JSM，XSH，XB）。

学生情况表（XSH，XSM）。

（2）从数据平台数据库中抽取的基本表如下。

教师表（TEACHERID，TRUENAME，ACADEMYNUMBER，SEX，BIRTHDAY，TITLEID，EDUBACK）。

职称代码表（TITLEID，POSTTITLE）。

学生情况表（ACADEMYNUMBER，ACADEMYNAME）。

（3）从教务处学生成绩表和课程安排表数据库中抽取的基本表如下。

学生成绩表（XNXQ，KCH，KCM，XH，JSH，KSCJ）。

课程安排表（XNXQ，KCH，KCM，KXH，JSH，XS，XF，BKSKRL，BXRS，RXRS，TQRS）。

3. 数据挖掘模块在教学质量评价系统中的应用

选用关联规则算法来实现教学质量评价系统的数据挖掘模块，分别建立了教师个人因素挖掘模型和教师授课课堂属性挖掘模型两个数据挖掘模型。

（二）教师个人因素对评价结果的影响分析

选用 2017—2018 学年的学生评价数据作为分析对象，并选择教师个人因素挖掘模型进行数据挖掘。

1. 教师性别与教学质量评价分数的关系

将教师个人因素挖掘模型中的 JSLB，NLD，ZC，ZGXW 字段设置为"忽略"，处理挖掘模型，得到教师性别与教学质量评价分数项集的支持度和置信度，如表 7.1 所示。

表 7.1　教师性别与教学质量评价分数项集的支持度和置信度

项集	支持度（%）	置信度（%）
XB＝女－＞FSD＝90～95	35.4	78.2
XB＝男－＞FSD＝90～95	41.6	77.9

从表 7.1 可以看出，两个项集的支持度和置信度相当，教师性别与评价分数没有必然的联系。

2. 教师职称与教学质量评价分数的关系

将教师个人因素挖掘模型中的 JSLB，NLD，XB，ZGXW 字段设置为"忽略"，处理挖掘模型，得到教师职称与教学质量评价分数的关系，如表 7.2 所示。

表 7.2　教师职称与教学质量评价分数项集的支持度和置信度

项集	支持度（%）	置信度（%）
ZC＝止高－＞FSD＝95～100	10.2	40.3
ZC＝初级－＞FSD＝90～95	2.8	47.1
ZC＝初级－＞FSD＝85～90	2.5	41.2

从表 7.2 可以看出,正高级职称的教师得到的学生评价结果较高,初级职称的教师得到的学生评价结果较低。这在一定程度上说明教师职称越高,学生对教师的授课质量认可程度越高。

3. 教师学历与教学质量评价分数的关系

将教师个人因素挖掘模型中的 JSLB,NLD,XB,ZC 字段设置为"忽略",处理挖掘模型,得到教师学历与教学质量评价分数的关系,如表 7.3 所示。

表 7.3　教师学历与教学质量评价分数项集的支持度和置信度表

项集	支持度(%)	置信度(%)
ZGXW＝硕士－＞FSD＝90～99	55.9	75.6
ZGXW＝学士－＞FSD＝90～99	49.1	70.9

从表 7.3 可以看出,教师学历高低与学生对教师授课质量评价的高低有必然的联系。

4. 教师年龄与教学质量评价分数的关系

将教师个人因素挖掘模型中的 JSLB,XB,ZC,ZGXW 字段设置为"忽略",处理挖掘模型,得到教师年龄与教学质量评价分数的关系,如表 7.4 所示。

表 7.4　教师年龄与教学质量评价分数项集的支持度和置信度表

项集	支持度(%)	置信度(%)
NLD＞50－＞FSD＝90～95	8.5	79.6
NLD＝30～40－＞FSD＝90～95	42.3	73.3
NLD＝40～50－＞FSD＝95～100	4.9	45.8

从表 7.4 可以看出,40～50 岁的教师得到的学生评价分数较高,说明这个年龄段的教师比较受学生欢迎。

5. 教师性别、年龄、职称、学历、教师类别等综合因素与教学质量评价分数的关系

由于考虑的影响因素较多,可将参数最大项集大小 MAXIMUM_ITEMSET_SIZE 设置成 5,即产生的频繁项集为频繁 5 项集。然后处理挖掘模型,可以得到频繁项集,如表 7.5 所示。

表 7.5 教师个人因素数据挖掘模型得到的频繁项集表

支持	大小	项集
114	5	ZC＝中级，NLD＝30～40，ZGXW＝硕士，FSD＝90～95，JSLB＝专职
90	5	ZC＝中级，ZGXW＝硕士，XB＝男，FSD＝90～95，JSLB＝专职
……	……	……
54	1	NLD＝＞50
34	1	ZC＝初级
12	1	JSLB＝兼职
10	1	JSLB＝助教
7	1	FSD＜85

其中，频繁 1 项集 19 个，频繁 2 项集 147 个，频繁 3 项集 466 个，频繁 4 项集 682 个，频繁 5 项集 462 个。产生的规则如表 7.6 所示。

表 7.6 处理教师个人因素数据挖掘模型得到的规则表

概率	重要性	规则
1.000	0.978	JSLB＝兼职，ZGXW＝硕士，ZC＝副高－＞FSD＝95～100
0.412	0.386	NLD＝50～60，ZGXW＝学士，ZC＝正高，XB＝女－＞FSD＝85～90
0.400	0.386	ZGXW＝学士，ZC＝中级，JSLB＝专职－＞FSD＝85～90
0.400	0.378	ZC＝初级，XB＝男－＞FSD＝85～90

通过对这些频繁项目集和产生的规则的分析，特别是对包含"FSD＝95～100"和"FSD＝85～90"的频繁项目集和规则进行分析，可以得到一些对教学管理者来说有趣的结果。如规则"JSLB＝兼职，ZGXW＝硕士，ZC＝副高，NLD－40～50－＞FSD＝95～100"，虽然支持度很低，但也从一定程度上说明学校聘用的具有较高学历和专业技术职称的兼职教师还是能够得到学生认可的。学校为了提高教学质量，在某些环节聘用具有较高水平的兼职教师是一个有效的方法。

(三)教师授课课堂相关属性对评价结果的影响分析

选用 2017—2018 学年度的学生评价数据作为分析对象,并选择教师个人因素挖掘模型进行数据挖掘。

1. 课堂学生人数与教学质量评价分数的关系

将教师授课课堂挖掘模型中的 KTSX,XSD 字段设置为"忽略",处理挖掘模型,得到课堂学生人数与教学质量评价分数项集的支持度和置信度,如表 7.7 所示。

表 7.7　课堂学生人数与教学质量评价分数项集的支持度和置信度表

项集	支持度(%)	置信度(%)
RSD>96—>FSD=90~95	23.4	74.5
RSD=32~96—>FSD=90~95	32.3	63.6
RSD<32—>FSD=90~95	14.1	56.3

从表 7.7 可以看出,课堂学生人数与评价分数的联系不紧密。

2. 课程学时与教学质量评价分数的关系

将教师授课课堂挖掘模型中的 KTSX,RSD 字段设置为"忽略",处理挖掘模型,得到课程学时与教学质量评价分数的关系,如表 7.8 所示。

表 7.8　课程学时与教学质量评价分数项集的支持度和置信度表

项集	支持度(%)	置信度(%)
XSD=32~64—>FSD=90~95	33.8	66.2
XSD<32—>FSD=90~95	16	44.5
XSD<32—>FSD=85~90	18.3	47.5

从表 7.8 可以看出,32 学时以内的课程得到的学生评价分数较低。

3. 课程属性与教学质量评价分数的关系

将教师授课课堂挖掘模型中的 XSD,RSD 字段设置为"忽略",处理挖掘模型,得到课程属性与教学质量评价分数的关系,如表 7.9 所示。

表7.9　课程属性与教学质量评价分数项集的支持度和置信度表

项集	支持度(%)	置信度(%)
KTSX＝必修－＞FSD＝95－100	3.7	63.5
KTSX＝选修－＞FSD＝95－100	11.2	64.8

从表7.9可以看出,学生对公共选修课的评价分数较高。

4.课堂相关属性综合因素与教学质量评价分数的关系

处理教师授课课堂挖掘结构及模型,可以得到频繁项集,如表7.10所示。

表7.10　处理教师授课课堂数据挖掘模型得到的频繁项集表

支持	大小	项集
393	3	KTSX＝必修,XSD＝32～64,FSD＝90～95
344	3	RSD＝32～96,KTSX＝必修,XSD＝32～64
325	3	RSD＝32～96,XSD＝32～64,FSD＝90～95
295	3	RSD＝32～96,KTSX＝必修,FSD＝90～95
……	……	……
218	1	KTSX＝选修
186	1	FSD＝95～100
142	1	XSD＞64
39	1	FSD＜85

其中,频繁1项集14个,频繁2项集73个,频繁3项集150个。产生的规则如表7.11所示。

表7.11　处理教师授课课堂数据挖掘模型得到的规则表

概率	重要性	规则
1.000	0.006	KTSX＝公选,RSD＜32－＞FSD＝90～95
0.843	0.115	KTSX＝公选,RSD＞96－＞FSD＝90～95
0.831	0.111	KTSX＝公选,XSD＜32－＞FSD＝90～95
……	……	……

续表

概率	重要性	规则
0.500	0.368	XSD>64,KTSX＝公选－>FSD＝85～90
0.500	－0.119	XSD>64,KTSX＝公选－>FSD＝90～95
0.476	－0.140	XSD>64,RSD<32－>FSD＝90～95

同样,包含"FSD＝95～100"以及"FSD＝85～90"的规则还是本文分析的重点。通过对产生的规则的分析,包含以上两个条件的频繁 3 项集并没有产生关联规则。

关联规则算法实现了数据挖掘模块,对数据仓库中的数据进行挖掘,发现了一些关联规则。在对教师性别、年龄、职称、学历等个人因素与学生评价分数的关系分析中,发现教师的性别与学生评价结果并没有必然联系;教师的职称越高,学生给的评价分数也相应较高;学生对公共选修课和专业限选课的评价分数较高;具有较高职称和学历的兼职教师得到的评价分数较高。最后,将产生的关联规则展现给教学管理人员。对数据挖掘在高校教学质量评价系统中应用的研究具有良好的实际意义,能够为高校完善教学质量监考机制、提高教学质量提供一定的参考依据。

二、案例研究二——以天津生物工程职业技术学院为例

选用 2017—2018 学年的学生评价数据作为分析对象,从信息初始化、数据采集、数据预处理、数据分析挖掘四大步骤进行挖掘。

(一)信息初始化

信息初始化部分是系统运行的基础。主要目标是准确及时地完成系统进行评价所必需的各项数据的收集、核对、修改等操作。特别是有些数据信息在进行评价数据采集时是不必要的,但是在数据挖掘分析时却十分重要。如系统在进行数据挖掘分析时,需要分析教师的教学效果同教师的年龄、学历、职称等是否相关,这就要求系统有完整的参评教师档案数据,而在评价信息采集时,并不需要教师的以上信息。所以,数据初始化模块需要综合考虑后续各个模块的需求,对数据信息进行初始化处理。信息初始化需要完成的主要任务有 3 个。

(1)对不同数据源数据的正确集成。系统评价所需的班级数据、教师任课情况及实现数据挖掘所需要的教师详细档案都存在于不同的应用系统中,本

过程需要将这些来自不同系统的数据源集成到本系统的操作数据库中。

（2）数据集成完成以后，由集成数据表产生和编辑系统所需的各类信息表，其中包括教师信息表、班级信息表、班级教师任课信息表等。这一过程的主要难点是保证产生的数据表的准确性和可信度。由于本系统对所产生的数据表要求绝对准确，不准确的数据将直接影响系统的可信度。一旦这样的情况存在，系统的可信度将大大降低。

（3）为保证评价活动的公正性，系统实现学生对教师的匿名评价。由各系教务干事负责分班组织学生对任课教师进行评价，评价结果报教务处教学评价信息库中。

（二）数据采集

数据采集的目标是实现大规模评价数据完整、准确的采集。数据采集的步骤是数据读取、数据清洗、数据集成、数据质量检测，最后形成目标数据库。

教学质量评价系统采用计算机的数据转换功能直接打开信息源数据库进行数据采集。进行数据采集的内容包括教学质量信息数据和教师档案数据。表 7.12 给出了部分教学评价信息。

表 7.12　教学评价信息表

工号	性别	年龄	职称	学位	测评分数
0109	男	28	中级	本科	75
0203	女	34	副高	本科	86
0216	男	52	正高	硕士	92
0028	女	26	初级	硕士	68
0027	男	35	副高	硕士	95

（三）数据预处理

数据预处理是系统运行的重要一环，主要目的是为数据挖掘分析模块准备数据。需要根据系统的数据挖掘所采用的数据挖掘算法的要求，提前对数据进行处理。数据预处理需要完成的主要任务有 3 个。

1. 数据仓库数据抽取

数据抽取是指将各类数据从面向事务处理的实时操作数据库向面向数据挖掘分析的数据仓库集成，主要包括学生评价信息、教师信息、评价标准、班级教师任课信息的集成。

2. 数据的清理

数据清理通常包括不一致数据处理空缺值补齐和数据变换等工作。本系统中的不一致数据和噪声数据的处理已经在信息初始化模块中完成。这里,着重解决空缺值补齐和数据变换。

3. 生成事务表

由于 Apriori 算法适用于事务库的数据挖掘,所以需要将教学信息表的数据转换为相应的事务表,为整个数据挖掘模块提供数据挖掘对象。

通过以上的数据预处理操作,使系统具有一个完整、干净、适合于挖掘的的数据输出,以保证后续的数据挖掘能够产生出有用的规则。

本文将教学质量评估表中的一条记录视为一个事务,字段值采用代码表(表 7.13)转换为相应的项目,转换后的事物如表 7.14 所示。

表 7.13　代码表

项目	值	代码
性别	男	S1
	女	S2
年龄	22～30	A1
	31～35	A2
	36～49	A3
	50～60	A4
职称	初级	J1
	中级	J2
	副高	J3
	正高	J4
学位	学士	E1
	硕士	E2
分数	60 分以下	D1
	60～69	D2
	70～84	D3
	85～100	D4

表 7.14　事务表

工号	性别	年龄	职称	学位	测评分数
0109	S1	A1	J2	E1	D3
0203	S2	A2	J3	E1	D4
0216	S1	A4	J4	E2	D4
0028	S2	A1	J1	E2	D2
0027	S1	A2	J3	E2	D4

(四)数据分析挖掘

数据分析挖掘是系统的核心。应用数据挖掘技术对采集的评价数据进行挖掘分析,发现隐藏在数据中有用的知识,并将其提取出来供学校和相关教师学习和借鉴。由于时间和条件等多方因素的限制,本系统采集到的评价信息只有学生对教师课堂教学质量评价的数据,所以数据的分析主要就是针对学生评价数据展开的。

实现数据挖掘主要是根据用户选取的分析数据,从中提取出相应的决策规则,呈现给用户。用户可以根据系统挖掘出的规则,作出相应的决策。根据系统已经采集到的评价数据,可以挖掘出以下几类信息:每一类教师不同学历、不同职称等的课堂教学特征;教师的课堂教学效果同教师的哪些特征(年龄、性别、职称、学历等)相关。具体实现步骤如下。

1. 生成频繁项集

利用前面的挖掘技术,挖掘出具有优秀或良好课堂教学效果的教师的状态特征。首先搜索原始数据库,得到评定分数 ≥85 的记录共 50 条,得到评定分数在 70 到 84 之间的记录共 120 条。根据给定的最小支持度,采用 Aprior 算法寻找频繁项集。

2. 生成关联规则

兴趣度的定义

$$Interestingness(A \Rightarrow B) = \frac{P(A \bigcup B)}{P(A)P(B)} = \frac{support(A \bigcup B)}{support(A)support(B)}$$

$$= \frac{confidence(A \Rightarrow B)}{support(B)}$$

有效度的定义 $Validity = P(XY) - P(\overline{X}Y)$,其中定义 Validity 为有效度。

上式的直观意义为:有效度＝(在 D 数据库中 X 和 Y 同时出现的概率)－(在 D 数据库中 $\overline{X}$ 和 Y 同时出现的概率)的值。由于 $P(XY)$ 和 $P(\overline{X}Y)$ 的值区间均在$[0,1]$,显然,有效度的值区间在$[0,+\infty]$。

当频繁项集生成以后,根据生成关联规则的算法,对于任一频繁 K 项集,找出其中所有可能的真子集,作为关联规则的前件,计算相应规则的置信度,根据兴趣度和有效度的定义,计算相应规则的兴趣度和有效度。当某一规则的置信度大于给定的最小置信度时,输出该规则。课堂教学效果良好的关联规则(minsup＝10％,minconf＝40％)如表 7.15 所示。

表 7.15　课堂教学效果优秀的关联规则(minsup＝10％,minconf＝20％)

规则	支持度	置信度	兴趣度	有效度
S1⇒D4	0.130	0.290	0.062	－0.060
S2⇒D4	0.110	0.320	0.011	0.139
A3⇒D4	0.119	0.449	0.279	0.269
J3⇒D4	0.099	0.399	0.209	0.219
E3⇒D4	0.119	0.409	0.219	0.189
(A3,J3)⇒D4	0.099	0.549	0.409	0.26

从表 7.5 中规则的兴趣度和有效度的额值可以发现,部分规则是无效关联规则或者是负关联规则。设定兴趣度阈值 I1＝0.1,有效度阈值 V1＝0.15,得到正关联规则如表 7.16 所示。

表 7.16　课堂教学效果优秀的关联规则(minsup＝10％,minconf＝40％)

规则	支持度	置信度	兴趣度	有效度
A3⇒D4	0.120	0.451	0.281	0.271
J3⇒D4	0.101	0.400	0.210	0.220
E3⇒D4	0.121	0.410	0.220	0.190
(A3,J3)⇒D4	0.101	0.551	0.411	0.260

表 7.17　课堂教学效果优秀的关联规则(minsup＝10％,minconf＝40％)

规则	支持度	置信度	兴趣度	有效度
S1⇒D3	0.21	0.46	−0.606	−0.301
S2⇒D3	0.181	0.401	−0.280	0.071
A2⇒D3	0.221	0.701	0.480	0.361
J3⇒D3	0.121	0.502	0.038	0.048
E1⇒D3	0.161	0.361	−0.230	0.341
E2⇒D3	0.202	0.543	0.151	0.441
E3⇒D3	0.121	0.602	0.231	0.451
(A1,J1)⇒D3	0.101	0.451	−0.061	0.000
(A2,J2)⇒D3	0.201	0.901	0.811	0.611
(A2,E3)⇒D3	0.101	1.00	1.000	0.551
(J2,E1)⇒D3	0.101	0.901	0.811	0.611

　　从表 7.17 中的规则的兴趣度和有效度的值可以发现,部分规则是无效关联规则或者是负关联规则。设定兴趣度阀值 $I1＝0.1$,有效度阀值 $V1＝0.35$,得到正关联规则如表 7.18 所示。

表 7.18　课堂教学效果优秀的关联规则(minsup＝15％,minconf＝45％)

规则	支持度	置信度	兴趣度	有效度
A2⇒D3	0.221	0.701	0.481	0.360
E2⇒D3	0.201	0.541	0.151	0.450
E3⇒D3	0.121	0.601	0.232	0.449
(A2,J2)⇒D3	0.201	0.890	0.810	0.610
(A2,E2)⇒D3	0.111	1.000	1.000	0.550
(J2,E1)⇒D3	0.110	0.890	0.810	0.610

　　规则 $A3⇒D4$ 转换为年龄 $\in[36,49]⇒$ 评定分数 $\in[85,100]$,支持度为 12％表明在教学评估表中有 12％的记录"年龄 $\in[36,49]⇒$ 且评定分数 $\in[85,100]$";而置信度 45.1％表明年龄 $\in[36,49]$ 的教师有 45％的评定分数 $\in[85,100]$,即课堂教学效果为优秀。

规则$(A2,J2) \Rightarrow D3$ 转换为年龄$\in [31,35] \bigcap$职称为中级$\Rightarrow$评定分数$\in [74,84]$，支持度为 20.1％表明在教学评估表中有 20.1％的记录"年龄$\in [31,35] \bigcap$职称为中级$\Rightarrow$评定分数$\in [74,84]$"；而置信度 89％表明年龄$\in [31,35] \bigcap$职称为中级的教师有 90％的评定分数$\in [70,84]$即课堂教学效果为良好。

规则 $E3 \Rightarrow D3$ 转换为学位＝硕士$\Rightarrow$评定分数$\in [70,84]$，支持度为 12.1％表明在教学评估表中有 12.1％的记录"学位＝硕士且评定分数$\in [70,84]$"；而置信度 60.1％表明学位为硕士的教师有 60％评定分数$\in [70,84]$，即课堂教学效果为良好。

从以上规则可以看出，在 168 名学生满意的老师中不难发现，上述规则中相关因素主要是职称、学位以及年龄。职称为副高或者年龄较长或者高学位的教师课堂教学效果优秀的可能性大，有一定的年龄或者职称较高或者高学位的教师课堂教学效果良好的可能性大。

大学生相对成熟，在知识和能力上在同龄人中脱颖而出，逐渐形成了自己的思想意识和观点，有一定的自学能力，有极强的表现欲，希望能在实践中证实自己的能力。所以，大学课堂教学要针对大学生的特点，讲求教学方法，反对满堂灌，应注重启发学生思维和引导学生主动积极地学习。课堂教学要体现教师讲解与学生自学相结合、与学生讲座相结合，使教与学双方实现真正沟通。

年龄在 31～49 的中青年教师具有丰富的课堂教学经验，评定分数高或者较高的支持度、可信度较高。年龄在 31～35 且有硕士学位的青年教师评定分数较高且支持度、可信度较高。由此可见，该校一批中青年骨干教师已经成长起来，教师队伍结构趋于合理。该校近些年重视学科建设，坚持实施人才战略，重视高学位中青年骨干教师的引进和培养，已经初见成效。

大学教学内容专业化程度高，科学性强，信息量大，具有一定的宽广度和深度，有的涉及科研领域还未解决的问题，即学科前沿问题，有的甚至涉及一些尚存争议性的问题，即大学课堂教学具有较强的学术性。

副高、正高级职称或硕士学位的教师科研水平较高，有宽广的知识面，教学中经常鼓励学生刻苦钻研，向学生介绍学科的学术动态，指导学生进行科学研究。中、初级职称教师还需多实践、多学习，努力提高自己的科研、教学水平。

(五)小结

从对两个学院采集的数据中可以得出，教学质量评价系统通过对教师综合能力等多方面的测评，既能评价教师担任教育教学工作的适合程度，又可以对教学情况的优点和弱点有一个全面客观的认识,并能够制定出有针对性的自我完善措施。学校可以通过评价信息宏观掌握学校教师的教学情况,在班级排课时,注意一个教学班中配备教师的年龄、职称、学位的合理分配,使学生能够保持良好的学习状态,从而为教学部门提供决策支持信息,促使更好地开展教学工作,提高教学质量,为制定教学质量的改革等教学管理决策提供一项重要依据。将联机分析处理技术和数据挖掘技术二者结合起来形成的教学质量分析评价框架模型,大大加强了教学决策分析的功能和灵活性,是一个很有前景的方向,在教育管理领域的应用必将越来越广泛和深入。

第三节　决策树算法在高职院校学生成绩管理系统的研究

决策树算法是从一组无规则、无次序的数据中推理出的分类规则,它是一种常用的快速分类方法,是一种分类和预测的主要技术。决策树无环、有向且流程图类似树结构。树中的节点代表数据库集中的一个属性,除叶节点外的其他节点表示对该数据属性的一次判断,根据不同的判断结果选择不同的子节点,最终的叶节点表示分类的最终结果。

与关联分析类似,在进行决策挖掘时,先进行数据预处理,本节采集了山西药科职业学院某学期的计算机基础课程成绩,分析学生成绩与上课教师、学生感兴趣程度、基础知识和上机时间的关系。

经过对 1000 条数据进行预处理后,得到学生成绩数据表,如表 7.19 所示。

表 7.19　学生成绩数据表

学号	上课教师	感兴趣程度	基础知识	上机时间	成绩
17420101	教师 A	一般	好	短	一般
17420102	教师 A	感兴趣	差	中	一般
17420103	教师 A	不感兴趣	好	长	良好
17420104	教师 A	感兴趣	差	短	差
17420105	教师 A	不感兴趣	好	中	一般
17420106	教师 A	一般	差	长	差
17420107	教师 A	一般	好	短	一般

学号	上课教师	感兴趣程度	基础知识	上机时间	成绩
17420108	教师A	一般	差	中	一般
17420109	教师A	感兴趣	好	长	良好
17420110	教师A	不感兴趣	好	短	差
17400120	教师B	感兴趣	好	中	一般
17400121	教师B	不感兴趣	差	长	一般
17400122	教师B	一般	好	短	一般
17400123	教师B	一般	好	中	良好
17400124	教师B	感兴趣	好	短	差
17400125	教师B	不感兴趣	差	中	一般
17400126	教师B	感兴趣	好	长	一般
17400127	教师B	不感兴趣	好	短	良好
17400128	教师B	一般	好	短	差
17400129	教师B	一般	差	中	一般
……	……	……	……	……	……

一、计算分类属性的信息量

将样本设定为 2 类,其中 c_1＝"及格",c_2＝"不及格",经统计,$S_1＝484$,$S_2＝142$,总 $S＝626$,其期望值为

$$I(S_1,S_2)=I(435,191)=-\frac{435}{626}\log_2\frac{435}{626}-\frac{191}{626}\log_2\frac{191}{626}$$
$$=0.3649+0.5225=0.8874$$

二、计算属性信息量

(1)计算"教师"。该属性中只有两个属性,其中"教师"＝"教师1",属于优秀的有 105 个样本,其他的有 204 个样本,则表示为(105,204);对于教师＝"教师2",属于优秀的有 81 个样本,其他的有 236 个样本,则表示为(81,236)。则计算"教师"属性的各个子集的信息量为

$$I(105,204)=-\frac{105}{309}\log_2\frac{105}{309}-\frac{204}{309}\log_2\frac{204}{309}=0.5292+0.3955=0.9247$$

$$I(81,236)=-\frac{81}{317}\log_2\frac{81}{317}-\frac{236}{317}\log_2\frac{236}{317}=0.5030+0.3160=0.8190$$

（2）计算"感兴趣程度"。其中，"感兴趣程度"="感兴趣"，成绩优秀的有 94 个样本，其他的有 52 个样本，则表示为（94,52）；感兴趣程度="一般"，成绩优秀的有 64 个样本，其他的有 162 个样本，则表示为（64,162）；感兴趣程度="不感兴趣"，成绩优秀的有 30 个样本，其他的有 224 个样本，则表示为（30,224）。得到的"感兴趣程度"属性各个子集信息量为

$$I(94,52)=-\frac{94}{146}\log_2\frac{94}{146}-\frac{52}{146}\log_2\frac{52}{146}=0.4090+0.5305=0.9395$$

$$I(64,162)=-\frac{64}{226}\log_2\frac{64}{226}-\frac{162}{226}\log_2\frac{162}{226}=0.5154+0.3421=0.8175$$

$$I(30,224)=-\frac{30}{254}\log_2\frac{30}{254}-\frac{224}{254}\log_2\frac{224}{254}=0.0481+0.1598=0.2079$$

（3）计算"基础知识"。其中"基础知识"="好"，成绩优秀的有 126 个样本，其他的有 122 个样本，则表示 I 为（126,122）；其中"基础知识"="差"，成绩优秀的有 62 个样本，其他的有 316 个样本，则表示为（62,316）。得到"基础知识"属性的各个子集信息量为

$$I(126,122)=-\frac{126}{248}\log_2\frac{126}{248}-\frac{122}{248}\log_2\frac{122}{248}=0.4963+0.5035=0.9998$$

$$I(62,316)=-\frac{62}{378}\log_2\frac{62}{378}-\frac{316}{378}\log_2\frac{316}{378}=0.4274+0.2161=0.6435$$

（4）计算"上机时间"。其中"上机时间"="长"，成绩优秀的有 91 个样本，其他的有 123 个样本，则表示为（91,123）；其中"上机时间"="中"，成绩优秀的有 62 个样本，其他的有 222 个样本，则表示为（62,222）；其中"上机时间"="短"，成绩优秀的有 35 个样本，其他的有 93 个样本，则表示为（35,93）。得到"上机时间"属性的各个子集信息量为

$$I(91,123)=-\frac{91}{214}\log_2\frac{91}{214}-\frac{123}{214}\log_2\frac{123}{214}=0.541+0.458=0.999$$

$$I(62,222)=-\frac{62}{284}\log_2\frac{62}{284}-\frac{222}{284}\log_2\frac{222}{284}=0.4789+0.2775=0.7564$$

$$I(35,93)=-\frac{35}{128}\log_2\frac{35}{128}-\frac{93}{128}\log_2\frac{93}{128}=0.5115+0.3345=0.846$$

三、计算各个属性的信息熵

$$E(上课教师)=\frac{309}{626}\times I(105,204)+\frac{317}{626}\times I(81,236)$$
$$=0.4564+0.4247=0.8711$$

$$E(感兴趣程度)=\frac{146}{626}\times I(94,52)+\frac{226}{626}\times I(64,126)+\frac{254}{626}\times I(30,224)$$

$$=0.2191+0.2951+0.0844=0.5986$$

$$E(基础知识)=\frac{248}{626}\times I(126,122)+\frac{378}{626}\times I(62,316)$$

$$=0.3961+0.3886=0.7847$$

$$E(上机时间)=\frac{214}{626}\times I(91,123)+\frac{284}{626}\times I(62,222)+\frac{128}{626}\times I(35,93)$$

$$=0.3415+0.3432+0.1730=0.8577$$

四、计算每个属性的信息增益量

$$Gain(上课教师)=I(484,142)-E(上课教师)=0.8874-0.8711$$
$$=0.1063$$

$$Gain(感兴趣程度)=I(484,142)-E(感兴趣程度)=0.8874-0.5986$$
$$=0.2888$$

$$Gain(基础知识)=I(484,142)-E(基础知识)=0.8874-0.7847$$
$$=0.1027$$

$$Gain(上机时间)=I(484,142)-E(上机时间)=0.8874-0.8577$$
$$=0.0297$$

五、计算每个属性的信息增益率

$$GainRatio(上课教师)=\frac{Gain(上课教师)}{E(上课教师)}=\frac{0.1063}{0.8711}=0.1220$$

$$GainRatio(感兴趣程度)=\frac{Gain(感兴趣程度)}{E(感兴趣程度)}=\frac{0.2888}{0.5986}=0.4825$$

$$GainRatio(基础知识)=\frac{Gain(基础知识)}{E(基础知识)}=\frac{0.1027}{0.7847}=0.1309$$

$$GainRatio(上机时间)=\frac{Gain(上机时间)}{E(上机时间)}=\frac{0.0297}{0.8577}=0.0346$$

通过比较各个属性的信息增益率,以该信息增益最大的属性作为根节点,从计算结果可知,该"感兴趣程度"属性信息增益率最大,因此被选择为根节点,其他的三个属性为分枝节点,如图7.1所示。

同理,重复以上步骤,继续建立决策树,在"感兴趣程度"="感兴趣",成绩优秀的有94个样本,其他的有52个样本,则表示为(94,52);分别计算

"上课教师""基础知识""上机时间"这三个属性的信息增益率,其划分的决策树图如图7.2和图7.3所示。

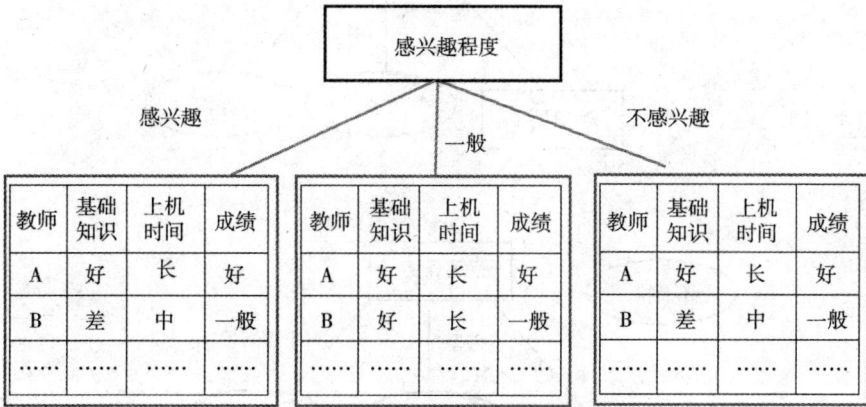

图 7.1 属性"感兴趣程度"成为决策树根节点

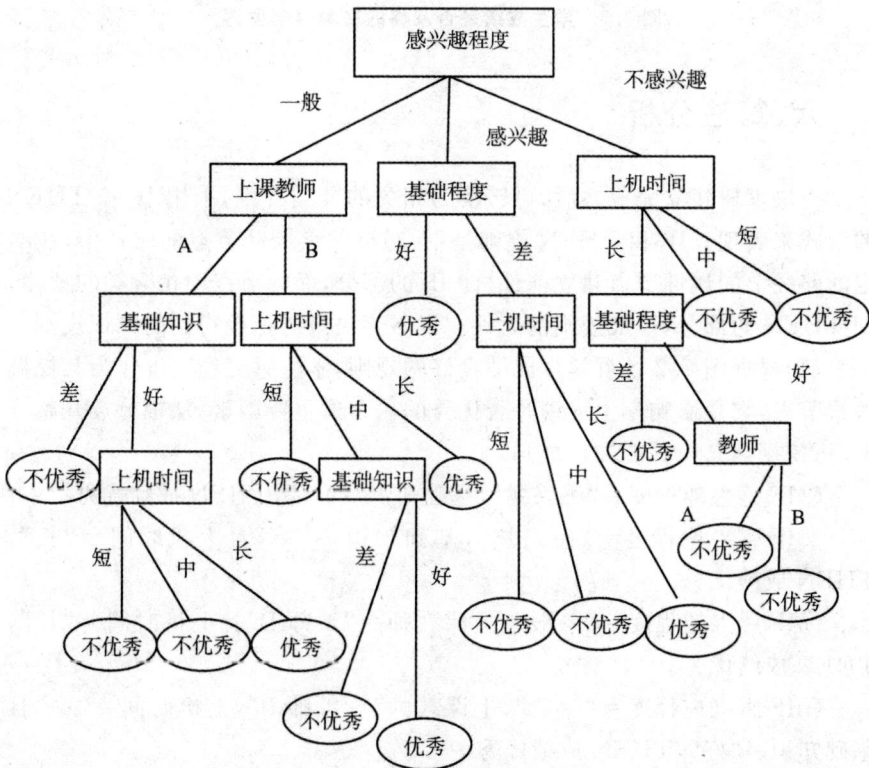

图 7.2 学生成绩是否优秀的决策树模型图

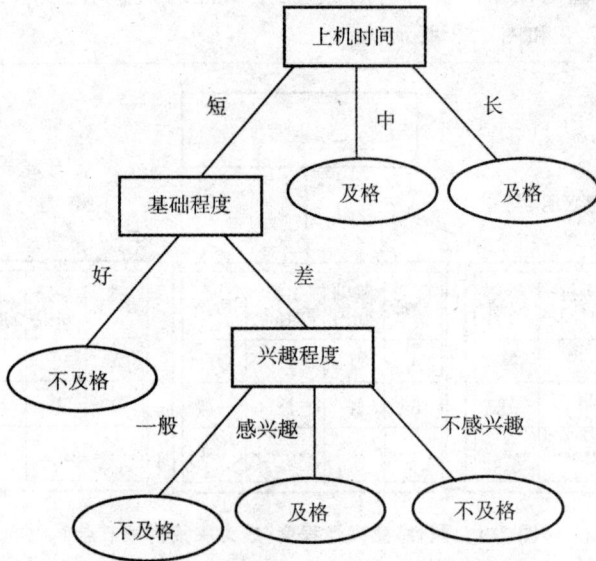

图 7.3　学生成绩是否及格的决策树模型图

六、算法分析

在决策树建立完成之后,可转换为相关的分类规则,采用 IF 和 THEN 的形式来表现。IF 和 THEN 规则是:在对根节点到叶节点的路径中,在给定的路径上的属性节点建立前件,即 IF 的部分,而叶节点中包含类的预测,即 THEN 的部分,形成规则的后件。以下为决策树挖掘得到的知识规则。

(1)根据图 7.2 挖掘学生成绩良好的规则,学生感兴趣程度作为其挖掘的根节点,它是影响学生成绩是否优秀的一个最重要因素,从根节点开始分析,可挖掘到其相关的知识规则。

①IF 感兴趣程度="感兴趣",基础知识="好",THEN 成绩优秀。

②IF 感兴趣程度="感兴趣",基础知识="差"且上机时间="长",THEN 成绩优秀。

③IF 感兴趣程度="一般",上课教师="教师 B"且上机时间="长",THEN 成绩优秀。

④IF 感兴趣程度="一般",上课教师="教师 B",上机时间="中"且基础知识="好",THEN 成绩优秀。

⑤IF 感兴趣程度="一般",上课教师="教师 A",基础知识="好"且上机时间="长",THEN 成绩优秀。

⑥IF 感兴趣程度＝"不感兴趣"，上机时间＝"长"，上课教师＝"教师A"，基础知识＝"好"，THEN 成绩优秀。

（2）根据图 7.3 挖掘到学生成绩及格的规则，学生上机时间作为挖掘的根节点，它是影响学生成绩是否及格的一个最重要因素，从根节点开始分析，可得挖掘到其相关的知识规则。

①IF 上机时间＝"长"，THEN 成绩及格。

②IF 上机时间＝"中"，THEN 成绩及格。

③IF 上机时间＝"短"，基础程度＝"好"，THEN 成绩及格。

④IF 上机时间＝"短"，基础程度＝"差"，兴趣程度＝"感兴趣"，THEN 成绩及格。

（3）规则的解释及正确性与有用性验证。

通过以上的分析及生成的分类规则，影响学生成绩是否优秀的主要原因是学生的感兴趣程度，而不是学生的基础知识、上机时间长短和上课教师；而影响学生成绩是否及格的主要原因是上机时间，而不是其他因素。兴趣是第一老师，教师在培养学生学习时，也必须加强对其兴趣的培养，通过培养其兴趣，来提高学生的学习积极性，使学生不仅在课堂中学习，并且在课外时间主动学习，提高教学质量；同时教师在课程教学中，必须加强对学生的管理，比如在实验课教学中，检查学生的每节课的出勤率，如果学生不去上机操作，其相关的实验不可能懂，特别是在高职院校中，在学习理论知识的同时，只有掌握更多的实践技能，才能更好地满足社会的需求。

运用决策树算法对学生成绩进行深入研究，可以发掘课程之间的内部关系和潜在的知识及影响学生学习成绩主要因素。为教学管理人员提供科学的决策信息，并合理地进行课程安排、课程建设和专业建设，提高教学质量、提高学生的学系兴趣，这对高职院校提高教学质量具有重要的现实意义。

第四节　Apriori 算法在学生成绩
管理中的分析研究

以学生成绩分析为例，调研山西药科职业学院某专业学生的在校课程成绩，采用关系数据模型，完整地实现了数据关联规则挖掘的全过程，重点研究学生的总评成绩变化情况、理论课程和实操课程关系，并建立起相应的学生培养模型，包括确定数据挖掘对象及目标；数据预处理；使用关联规则挖掘技术发掘有价值的信息，对结果进行分析解释，并提出相应的解决问题方案，为教学部门提供决策信息，更好地开展教学工作。

（一）确定挖掘的对象

本模型以山西药科业学院某系 2015 级学生的三个学期成绩为数据源，以关联规则中的 Apriori 算法为工具，通过分析学生第一学期到第三学期成绩变化趋势，找出变化的原因，从而在今后人才培养中加以重视；通过对比学生理论课和实践课的成绩，找出学生感兴趣之所在，以便为今后选修课的开始提供理论依据。

所采用的数据源分别如表 7.20～表 7.22 所示，该数据源共有 421 条记录，这里只截取了 20 个学生 3 个学期的成绩记录，表 7.20、表 7.21、表 7.22 分别对应 20 个学生第一学期、第二学期、第三学期的成绩。

表 7.20　2015—2016 第一学期学生成绩表

学号	计算机	数学	物理	英语	机械制图	思想道德修养	体育
15510201	75	70	63	78	95	87	77
15510202	71	71	61	45	63	81	75
15510203	65	78	78	81	89	76	70
15510204	76	76	61	63	67	79	92
15510205	68	53	70	70	70	63	80
15510206	56	79	62	79	70	64	80
15510207	47	78	40	60	缺考	30	63
15510208	64	79	76	81	87	72	80
15510209	74	78	79	60	73	85	87
15510210	64	80	67	78	77	46	65
15510211	75	87	46	64	70	79	70
15510212	71	77	63	46	60	70	66
15510213	68	81	61	73	89	87	85
15510214	77	79	76	85	88	82	75
15510215	74	81	90	84	91	83	96
15510216	64	78	50	92	89	59	69
15510217	64	79	54	54	73	80	75
15510218	69	77	64	68	64	69	79
15510219	72	82	65	60	62	68	87
15510220	76	79	70	68	88	90	84
...	...	...	...	...	...	...	...

表 7.21 2015—2016 第二学期学生成绩表

学号	医疗器械监管法规	医疗器械营销实务	电子技术基础	医疗器械概论	就业指导	体育	毛泽东思想与中国特色概论
16510201	93	95	92	94	93	83	96
16510202	68	85	90	91	85	63	61
16510203	65	88	85	93	89	63	42
15510204	60	81	70	88	86	68	60
15510205	62	80	83	79	73	60	39
15510206	64	79	80	83	81	72	34
15510207	93	71	85	71	68	42	36
15510208	95	95	87	86	80	69	69
15510209	87	89	84	87	83	67	72
15510210	62	74	80	83	80	49	35
15510211	71	80	88	90	86	68	62
15510212	60	78	80	81	78	60	29
15510213	90	84	90	85	83	68	38
15510214	92	85	88	95	89	77	61
15510215	95	95	95	96	96	84	72
15510216	68	90	84	92	94	56	60
15510217	70	80	82	87	82	62	61
15510218	60	68	66	68	74	42	35
15510219	60	82	78	82	78	41	90
15510220	95	93	89	96	96	86	62
...	...	...	...	...	...	...	...

表 7.22 2016—2017 第一学期学生成绩表

学号	推销与谈判	C 语言设计	机械设计	电子技术基础	体育	制药化工过程及设备	药剂设备销售技术	机械制造
16510201	80	89	92	89	78	66	91	94
16510202	70	91	80	63	80	60	76	76
16510203	77	83	78	67	72	65	91	73
15510204	71	74	84	74	66	61	61	90
15510205	68	77	85	61	60	61	82	87
15510206	81	70	82	61	60	60	76	70
15510207	60	77	78	60	61	62	65	67
15510208	80	76	86	75	50	47	73	60
15510209	78	84	85	77	62	61	67	84
15510210	60	67	71	66	60	62	63	62
15510211	63	85	90	64	64	60	60	60
15510212	60	64	66	61	47	66	60	65
15510213	63	71	90	60	70	63	71	83
15510214	74	87	90	60	70	63	71	82
15510215	92	87	90	61	69	67	69	83
15510216	70	79	73	65	85	61	91	92
15510217	68	84	84	84	61	66	63	76
15510218	64	72	72	73	缺考	60	60	36
15510219	70	71	71	缺考	27	66	缺考	60
15510220	92	87	87	91	93	90	79	92
……	……	……	……	……	……	……	……	

(二)数据预处理

数据预处理是在数据挖掘环境下,获得数据挖掘所需的、净化的数据。它包括数据集成、数据选择和数据清理。为方便研究方便,要对数据做如下处理。

1. 将等级制转换成百分制

采取表 7.20～表 7.22 中学生成绩的数据。将每个学生三个学期的平均成绩计算出来,其中大部分课程成绩采用是百分制,少部分课程成绩采用的是"优""良""中""差"等级制,因此要将两种制度的分数统一以便分析和研究。征求相关任课老师的意见,定义分数在 86～100 的为"优",分数在 71～85 的为"良",分数在 56～70 的为"中",分数在 55 及以下的为"差",然后利用随机函数 rand() 将学生成绩"优""良""中""差"转换成相应百分制分值,即分别用 86＋14＊rand()、71＋14＊rand()、56＋14＊rand() 和 55＊rand() 来代替"优""良""中""差",通过上述操作,学生的所有成绩都统一成百分制。

当遇到某同学某课程成绩为"缺考"时,可以忽略该同学该"课程",具体做法如下,例如张三同学共修了 10 门课程,但只参加了 8 门课程的考试,定义其平均分为参加考试 8 门成绩的平均分。最后可以计算出每个同学每个学期理论课和实践课的平均成绩,以及每个学生每个学期的总体平均分。处理后得到数据如表 7.23 所示。

表 7.23　学期总评表 1

学号	第一学期			第二学期			第三学期		
	基础成绩	专业成绩	总评成绩	基础成绩	专业成绩	总评成绩	基础成绩	专业成绩	总评成绩
15510201	69	84	78	93	91	92	87	86	87
15510202	68	66	67	81	68	73	80	73	75
15510203	73	79	76	79	68	72	79	76	77
15510204	71	75	73	70	70	70	76	75	75
15510205	66	71	69	75	58	65	77	73	74
15510206	66	73	70	74	63	67	78	67	70
15510207	55	51	53	83	50	62	72	32	44

续表

学号	第一学期			第二学期			第三学期		
	基础成绩	专业成绩	总评成绩	基础成绩	专业成绩	总评成绩	基础成绩	专业成绩	总评成绩
15510208	73	80	77	92	74	81	81	62	68
15510209	77	76	77	87	72	78	82	74	77
15510210	70	60	65	73	57	63	63	55	57
15510211	69	71	70	80	73	76	79	71	73
15510212	70	60	65	73	57	63	63	55	57
15510213	70	84	78	88	63	72	75	73	74
15510214	77	83	80	88	78	82	84	72	75
15510215	82	88	85	95	88	90	90	90	90
15510216	64	77	72	81	69	74	74	74	74
15510217	68	70	69	77	66	70	79	73	74
15510218	70	70	70	65	54	58	70	56	61
15510219	73	69	71	73	58	64	71	55	59
15510220	75	83	79	92	93	93	90	88	88

深入研究系统提供的随机函数 Rand( )发现，此随机数发生器，一般是用线性同余数法，即采用递推关系，并没有做到真正的随机，可以利用混洗数组来破坏其线性关系，来达到真正的随机性。

2. 将百分制转换成等级制

将百分制转换成等级制是为了发掘有用信息。数据挖掘前必须先将这些不同区域的数据变换到某一相同的区间，所以先将在校成绩转换为四个区，即"优""良""中""差"，考虑到各科的评分标准不一，将用以下办法来划分成绩：第一区为该科成绩排名前 15% 的考生，第二区为该科成绩排名前 16%～50% 的考生，第三区为该科成绩排名前 51%～85% 的考生，第四区为该科成绩排名后 86% 的考生，分别以"优""良""中""差"对应。这种分区方法按比例 15：35：35：15 把学生成绩分为"优""良""中""差"，符合正态分布，有利于分析和研究。为方便处理数据，将以 A、B、C、D 来置换"优""良""中""差"。把学号、第一学期基础成绩、第一学期专业成绩、第一学期总评成绩、第二学期基础成绩、第二学期专业成绩、第二学期总评成绩、第三学期基础成绩、第三学期专业成绩、第三学期总评成绩分别以 ID、jc1、zy1、zp1、jc2、zy2、zp2、jc3、zy3、zp3 置换,从而完成数据源的离散化处理。处理后的结果如表 7.24。

表 7.24　学期总评表 2

ID	jc1	zy1	zp1	jc2	zy2	zp2	jc3	zy3	zp3
15510201	C	A	B	A	A	A	A	A	A
15510202	C	C	C	C	C	C	B	B	B
15510203	B	B	B	D	C	C	C	B	B
15510204	B	B	B	D	C	C	C	B	B
15510205	C	C	C	D	D	D	C	B	C
15510206	C	C	C	D	D	D	C	C	C
15510207	D	D	D	C	D	D	D	D	D
15510208	B	B	B	A	B	B	B	B	B
15510209	A	B	B	B	C	B	B	B	B
15510210	C	C	C	D	D	D	D	D	D
15510211	C	C	C	C	C	C	C	C	C
15510212	C	D	C	D	D	D	D	D	D
15510213	C	A	B	B	C	C	C	B	C
15510214	A	A	A	B	B	B	B	A	A
15510215	A	A	A	A	A	A	A	A	A
15510216	C	B	B	C	C	C	C	B	C
15510217	C	C	C	D	D	D	D	B	C
15510218	C	C	C	D	D	D	D	C	C
15510219	B	C	C	D	D	D	D	C	D
15510220	B	B	A	A	A	A	A	A	A

据统计,在数据挖掘整个过程中,约有 60% 的时间是花在数据预处理阶段,从这里可以得到验证。虽然相关的文字叙述不多,但里面的变换过程还是花费了很长时间来构思和实施的。

（三）数据清洗

数据清理主要目的是除去数据集中的"噪声"和不相关的信息。在数据收集到的原始数据，也有缺失值、噪声和不一致等质量问题，对于这些问题，因为情况比较多，根据不同的情况可以采用不同的方法。因为接下来要研究的是各个成绩总评，所以只保留四个属性值即可，学号（ID），第一学期总评（zp1），第二学期总评（zp2），第三学期总评（zp3），最终得到的数据如表 7.25 所示。

表 7.25　学期总评表 3

ID	zp1	zp2	zp3	ID	zp1	zp2	zp3
15510201	B	A	A	15510211	C	B	C
15510202	C	C	B	15510212	C	D	D
15510203	B	C	B	15510213	B	C	C
15510204	B	C	B	15510214	A	C	B
15510205	C	D	C	15510215	A	A	A
15510206	C	D	C	15510216	B	C	C
15510207	D	D	C	15510217	C	C	C
15510208	B	C	C	15510218	C	D	C
15510209	B	C	B	15510219	C	D	D
15510210	C	D	D	15510220	A	A	A

（四）构建数据挖掘模型

一个完善的挖掘模型要将数据分成至少两个部分：一部分为训练集，用于模型训练；另一部分为测试集，用来测试和验证的。有时候可以将测试和验证分开研究，因为测试集可能受模型特性的影响，这时就要用到第三个数据集——一个独立的数据集，称为验证集。为了保证得到的模型具有较好的精确度和健壮性，需要一个定义完善的训练——验证协议。具体做法可以是从原始数据中取出 5%～33% 的数据用来做测试数据。

于是，将 421 条记录，随机抽取 200 条记录作为训练集，用 157 条记录作为测试集，剩下的 64 条记录作为验证集。

（五）关联规则算法在总评成绩中的应用

先考虑学生的第一学期总评成绩 zp1 和第二学期总评成绩 zp2 的关系。设定最小支持度 0.05，应用 Apriori 算法得到如表 7.26 的关联规则。

表 7.26　zp1＝＞zp2 关联规则 1

规则前件	规则后件	支持度（%）	置信度（%）
A	A	7.25	48.32
A	B	5.1	33.33
B	A	7.01	20.00
B	B	18.74	53.55
B	C	7.64	21.82
C	B	10.19	29.09
C	C	17.54	50.12
C	C	5.73	16.36
D	C	6.82	45.48
D	D	7.41	49.41

表 7.26 的第一行和第二表明，第一学期和第二学期成绩都优秀（A）的占所有人数的 7.25%；第一学期成绩为优秀（A）的同学，有 48.32% 的能在第二学期继续保持优秀（A），说明有 51.68% 的第一学期成绩为优秀的同学成绩开始出现下滑，其中有 33.33% 下滑到良好（B），有 16.67% 下滑至 C 或 D（支持度太小，没被保留小），下滑 51.68%。

数据的第三到第五行表明，第一学期和第二学期都成绩都良好（B）的占所有人数的 18.74%；第一学期成绩为良好（B）的同学，只有 53.55% 的能在第二学期继续保持良好（B），说明有 46.45% 的第一学期成绩为优秀的同学成绩开始出现下滑或上升，其中有 20.00% 上升到优秀（A），有 21.82% 下滑至中等（C），有 3.63% 下滑至差（D）（支持度太小，没被保留小），成绩下滑的人数大于上升的人数，下滑 5.45%。

数据的第六行到第八行表明，第一学期和第二学期都成绩都中等（C）的占所有人数的 17.54%；第一学期成绩为中等（C）的同学，只有 50.12% 的能在第二学期继续保持中等（C），说明有 49.88% 的第一学期成绩为中等（C）的同学成绩开始出现下滑或上升，其中有 29.09% 上升到良好（B），有

16.36％下滑至差(D)，有3.64％上升至优秀 A(支持度太小，没被保留小)，成绩上升的人数大于下降的人数，上升16.37％。

数据的第九行到第十行表明，第一学期和第二学期成绩都差(D)的占所有人数的7.41％；第一学期成绩为差(D)的同学，有49.41％的能在第二学期继续保持差(D)，说明有50.59％的第一学期成绩为差(D)的同学成绩开始出现上升，其中有45.48％上升到中等(C)，有4.35％上升至优秀(A)或良好(B)(支持度太小，没被保留小)，成绩上升的人数大于下降的人数，上升50.59％。

将置信度设置为45％，可以得到表7.27。

表 7.27　zp1＝＞zp2 关联规则 2

规则前件	规则后件	支持度(％)	置信度(％)
A	A	7.25	48.32
B	B	18.74	53.55
C	C	17.54	50.12
D	C	6.82	45.48
D	D	7.41	49.41

接下来利用 Microsoft SQL Server 2005＋Microsoft office 2010 结构中的数据挖掘模块对训练集进行关联规则数据挖掘。

着重看其中的"重要性(可能性)"，可以得出，第一学期总评成绩为"优"的同学，在第二学期总评成绩为"优"的可能性很大；同样，第一学期总评成绩为"差"的同学，在第二学期总评成绩为"差"的可能性很大。

研究依赖关系图，当连接强度加强时，只存在两种依赖关系，zp1＝A→zp2＝A 和 zp1＝D→zp2＝D，这也说明第一学期总评成绩为"优"的同学，在第二学期总评成绩为"优"可能性很大，第一学期总评成绩为"差"的同学，在第二学期总评成绩为"差"可能性很大。

同样的方法，研究第二学期和第三学期的关系，由此可以得出结论，第一到第二学期变化较大，第二学期到第三学期变化较平稳。分析其原因可以得出：刚开始同学们不适应大学生活，刚开始成绩较好的学生释放高考压力的同时放松了警惕，导致高分同学成绩下降表现得较为明显，到了第二学期时，同学们的态度和习惯慢慢得到巩固，变换的趋势也在慢慢减小。所以作为高校教师要注重第一年对学生进行培养，使同学们养成一个良好的学习习惯，这对同学们的学习、甚至对今后工作都是有很重要的意义的。

教务信息是高职院校丰富的资源。面对这些大量的数据，大多数院校并未对教务数据中的隐含信息进行挖掘和分析。本书将采集的数据及教务信息如学生的在校课程成绩、教师信息和学生评教信息等相关数据进行数据挖掘，获得了大量的教学数据。运用数据挖掘技术的分类、回归分析、聚类等方法，进行多层次、多角度的分析，提取出隐藏在数据中的有用信息，除了对数据进行横向的比较分析，还对历年来的数据进行了纵向的分析挖掘。如可以对所有教师进行分析，也可以就一个教师历年来的情况进行分析研究，这样就细化到了个人，更有利于教师个人的成长。

第八章　总结与展望

一、总结

高职院校的教学质量是一个动态的变化过程,提高教学质量是教育者不断追求的目标,为了使高职院校培养的人才符合社会的需求,各高职院校均对教学质量监控进行了多方面的摸索,教育工作者对此也进行了积极的研究,为构建高职院校教学质量监控体系作出不懈的努力。

本人系统解读了国家对高职高专院校教学质量方面的相关文件,并对国内相关高职院校和合作企业进行了调研,深刻地认识到高职院校作为培养高技能人才的摇篮,要在当今社会立于不败之地,只有提高自己的产品质量——学生的质量,而要提高学生的质量就必须建立一系列的评价制度,本文从分析建立教学质量监控的必要性入手,通过对高职院校教学质量的一系列概念进行辨析,在对高职院校现状分析的基础上,提出了现存的影响教学质量的主要问题,并根据问题提出了相应的对策。该研究提出了数据挖掘技术在高职教学质量评价体系构建中的重要性并运用到实际教学质量分析中。

本书前面七个章节主要包括如下内容。

第一章:高职教学质量评价标准的研究现状。主要介绍了高职教学质量评价相关概念,目前国内外教学质量发展的研究现状,及未来教育的发展趋势,指出科学合理的评价标准体系势在必行。

第二章:数据挖掘技术的发展及应用。介绍了数据挖掘的相关知识,包括数据挖掘定义、数据挖掘的方法、数据挖掘步骤、数据挖掘的相关技术、常用的数据挖掘算法以及数据挖掘在相关行业的应用情况特别是数据挖掘在高职教学质量评价中应用情况。

第三章:高职教学质量评价现状的调查研究。本章将问卷调查法贯穿始终,了解影响高职院校教学质量的现状问题及校企合作过程中不同的利益诉求,从两个渠道分别做调研分析,一是对国内高职院校师生的调研,二是对校企合作单位的调研。目的是找出影响高职教学质量发展瓶颈的主要原因,并为下一章教学质量评价体系的构建奠定基础。

第四章:高职教学质量评价体系的构建方法。针对第三章调查研究中发现的传统教学质量存在的问题,本章围绕教学质量如何提高,如何让师生受益,进行了研究与实践,探索并创设了 2+1 分段循环可持续发展工学结合模式系统,在此模式下开展教学质量监控,运用数据挖掘技术构建了教学质量评价监控体系,合理确定各项评价指标考核权重,并将专业质量考核融入考核中。

第五章:高职教学质量评价指标体系的确立。本章引进全面质量管理理念,结合高职教育的特点,通过丰富监控内容建立全方位、多层次的监控主体和客体,制定了科学合理的评价标准,构建了涵盖专业质量、理论教学质量、实践教学质量、理实一体化教学质量、班级整体教学过程质量等教学质量监控体系,将教学质量监控内容进行了完善与创新。实践证明,该体系在提高教学质量、推动人才培养等方面具有重大意义。

第六章:高职教学质量评价软件系统的设计与实现。本章对照第五章构建的教学质量评价标准,设计与开发一套结果量化、功能完善的教学质量评价软件系统。从系统需求分析、系统的详细设计、系统的实现及系统中关键问题的解决、系统的分析及实验结果评价进行了阐述,并将开发的软件申请了软件著作权。此成果实现了用户登录模块、题库编辑模块和管理员模块及在线评分模块等的设计。实践证明,与传统手工评分相比,本系统较大的提高了工作效率,节省财力、物力,使用效果良好。

第七章:数据挖掘在高职教学质量评价中的应用实例。本章结合四个案例,运用数据挖掘的原理和关键技术,将采集的数据进行多层次、多角度的分析,提取出隐藏在数据中的有用信息。除了对数据进行横向的比较分析,还对历年来的数据进行纵向的分析挖掘。为质量论证提供充分可靠的依据,为师生及企业人员提供充足的、良好的信息反馈,为教学部门提供决策支持信息,从而更好地开展教学工作。

二、下一步研究工作展望

由于时间和能力所限,本研究还存在一些不足之处。

从宏观角度看:

(1)从可持续发展的角度考虑,如何才能更好地提高高职的教学质量?

(2)如何能更好地使教学质量的评价更客观、更具有推广意义?

(3)如何才能使得高职教学质量评价更好地体现科学性?

(4)校企合作中存在着合作基础不稳固、合作管理不太规范、合作质量有待提高、合作中重技能轻育人等问题,可作为后期的研究方向。

（5）本系统的开发经历了软件系统需求分析、设计和编程三个阶段，力求提高软件的质量，避免错误的产生。但是，由于分析、设计和编程都是人工完成的，难免会出现各种各样的错误，这就需要我们对软件系统进行反复测试，找出存在的错误。测试完成后要提交测试报告，及时发现问题并提出解决方案。

从微观方面看：

在对关联规则挖掘结果的研究中，发现产生的规则还是有误差，认为在数据集中的属性字段选择上，还有许多影响学生成绩的因素没有考虑周全，教务信息内容还不够全面，所使用的数据集可能还不是最佳数据集，这将有待进一步研究。

针对教务信息的分析，除了在学校的教学管理方面，还可以利用数据挖掘技术进行学生综合评价、学生心理分析、考试试题分析和就业导向研究等，这些方面的应用都是有待研究的新课题。

附　录

附录1

《高职院校教学质量影响因子问卷调查(教师卷)》

尊敬的老师:

您好！首先感谢您多年来为教育事业做出的努力和贡献,为了更好地了解高职院校教学质量的现状,对影响高职教学质量的因素做细致的理论探讨,找出影响高职教学质量发展瓶颈的因素,探索出一种对高职院校教学质量管理实践的指导性思路,特进行此问卷调查。本次调查仅用于学术研究,您的回答将予以保密。本问卷采用匿名形式,不涉及个人隐私。为了收集到真实的数据信息,希望您客观公正并按照实际情况如实填写,完成这份问卷将会占用您10~15分钟时间。非常感谢您对本次调研工作的支持与配合！

1. 您的性别是( )。
   A. 男　　　　　B. 女
2. 您的年龄是( )。
   A. 小于30　　　B. 30~40　　　C. 41~50　　　D. 51~60
3. 您的职称是( )。
   A. 教授　　　　B. 副教授　　　C. 讲师　　　　D. 助教
   E. 教员
4. 您的第一学历是( )。
   A. 博士　　　　B. 硕士　　　　C. 本科　　　　D. 大专
   E. 中专
5. 您的最终学历( )。
   A. 博士　　　　B. 硕士　　　　C. 本科　　　　D. 大专
   E. 中专

6. 您参加教学工作的时长（　　）。
   A. 5 年以下　　　B. 5～10 年　　　C. 11～15 年
   D. 16～20 年　　　E. 20 年以上

7. 您是"双师型"教师吗？（　　）
   A. 是　　　　　　B. 否

8. 您认为自己的教学态度如何？（　　）
   A. 态度很好　　　B. 态度较好　　　C. 态度一般
   D. 态度不怎么好　E. 态度差

9. 您能否很好地讲授自己的教学内容？（　　）
   A. 很好或很准确、条理　　　　B. 较好或较准确、条理
   C. 一般　　　　　　　　　　　D. 不太好或不太准确、条理
   E. 差或不准确、条理

10. 您能否组织好每次课的教学？（　　）
    A. 很好或很准确、条理　　　　B. 较好或较准确、条理
    C. 一般　　　　　　　　　　　D. 不太好或不太准确、条理
    E. 差或不准确、条理

11. 您是否参与教改科研工作？（　　）
    A. 一直参加,且有国家级成果　　B. 经常参加,已有省级成果
    C. 经常参加,且已有省级成果　　D. 偶尔参加,目前还没有成果
    E. 没有参加

12. 对于如何提高学院教学质量,您有哪些宝贵的意见和建议？

附录 2

《高职院校教学质量影响因子问卷调查(学生卷)》

亲爱的同学:

你们好! 为了更好地了解高职院校教学质量的现状,对影响高职教学质量的因素做细致的理论探讨,找出影响高职教学质量发展瓶颈的因素,探索出一种对高职院校教学质量管理实践的指导性思路,特进行此问卷调查。本次调查仅用于学术研究,你的回答将予以保密。本问卷采用匿名形式,不涉及个人隐私。为了收集到真实的数据信息,希望你客观公正并按照实际情况如实填写,完成这份问卷将会占用您 10~15 分钟时间。非常感谢你对本次调研工作的支持与配合!

1. 你觉得自己接受高等教育的目的是( )。
   A. 掌握专业技能和提高专业素养　　　　B. 好就业
   C. 被家长逼迫

2. 你是通过( )方式进入贵校。
   A. 高考选拔　　　　B. 对口升学　　　　C. 自主招生

3. 你觉得自己的学习能力如何?( )
   A. 能力很强　　　　B. 能力较强　　　　C. 能力一般
   D. 能力不太强　　　　E. 能力差

4. 你对学习感兴趣吗?( )
   A. 很感兴趣　　　　B. 较感兴趣　　　　C. 兴趣一般
   D. 不怎么感兴趣　　　　E. 没兴趣

5. 你对上课使用的教材质量满意吗?( )
   A. 很满意　　　　B. 较满意　　　　C. 一般
   D. 不太满意　　　　E. 不满意

6. 你认为使用的教材对学生知识、能力、素质能力的培养所起作用如何?( )。
   A. 很大作用　　　　B. 较大作用　　　　C. 一般
   D. 作用不太大　　　　E. 没作用

7. 总体上看,你觉的所在学校教师的教学方法运用如何?( )
   A. 很灵活　　　　B. 较为灵活　　　　C. 一般
   D. 很单一

8. 总体上看,你觉的所在学校教师的现代化手段运用频率?(　　)

    A. 较多　　　　　　　B. 一般　　　　　　　C. 不多

    D. 不适用

9. 你对本学院的教学管理程序了解程度?(　　)

    A. 很了解　　　　　　B. 较了解　　　　　　C. 一般

    D. 不太了解　　　　　E. 不了解

10. 你对本学院的教学管理机构及职责了解程度?(　　)

    A. 很了解　　　　　　B. 较了解　　　　　　C. 一般

    D. 不太了解　　　　　E. 不了解

11. 你对本学院的校园文化了解程度?(　　)

    A. 很了解　　　　　　B. 较了解　　　　　　C. 一般

    D. 不太了解　　　　　E. 不了解

12. 你对本学院的教学基地硬件建设满意吗?(　　)

    A. 很满意　　　　　　B. 较满意　　　　　　C. 一般

    D. 不满意

13. 你认为学院理论教学和实践教学哪个占比较多?(　　)

    A. 理论占比多　　　　B. 实践占比多　　　　C. 总体一样多

14. 实践指导教师对实践教学的指导情况如何?(　　)

    A. 很好　　　　　　　B. 还好　　　　　　　C. 一般

    D. 不好

15. 你认为实践课教师的教学效果如何?(　　)

    A. 很好　　　　　　　B. 还好　　　　　　　C. 一般

    D. 不好

16. 你认为影响学院教学质量的因素有哪些?

附录3

《高职院校教学质量影响因子问卷调查(企业卷)》

尊敬的企业领导:

您好!首先感谢贵单位多年来对学院人才培养与毕业生就业工作的大力支持和帮助!为了更好地了解高职院校开展校企合作的情况,使学院培养出企业更需要的人才,提高教学质量,现对影响教学质量的因素进行调研,希望找出影响高职教学质量发展瓶颈的因素,探索出一种对高职院校教学质量管理实践的指导性思路,特进行此问卷调查。本次调查仅用于学术研究,您的回管将予以保密。本问卷采用匿名形式,不涉及个人隐私。为了收集到真实的数据信息,希望您客观公正并按照实际情况如实填写,完成这份问卷将会占用您10~15分钟时间。非常感谢您对本次调研工作的支持与配合!

一、医药企业参与职业教育的意愿、频度情况调研

1. 企业是否愿意参与到职业教育中(　　　)。

    A. 企业愿意并且已经参加到职业教育中

    B. 企业愿意但还没有参加到职业教育中

    C. 企业不愿意参加到职业教育中

    D. 企业认为企业有参加职业教育的责任

    E. 企业认为企业没有参加职业教育的责任

    F. 企业认为应视企业自身情况而定

2. 企业在参与职业教育过程中所应履行的义务和具有的权利(　　　)。

    A. 非常清楚　　　　B. 清楚　　　　C. 一般　　　　D. 不清楚

3. 职业院校兼职教师占企业员工总数的比例(　　　)。

    A. 1%~5%　　　　　　　　　　B. 5%~10%

    C. 10%以上　　　　　　　　　　D. 无

4. 企业参与职业教育的频度(　　　)。

    A.1~5人次/学期　　　　　　　B.6~10人次/学期

    C.10人次以上/学期　　　　　　D. 无

5. 企业教师的构成(　　　)。

    A. 全部具有中级或以上职称

    B. 50%以上人员具有中级或以上职称

    C. 50%以下人员具有中级或以上职称

    D. 无

6. 企业教师授课的主要内容是（　　　）。

    A. 理论知识   B. 岗位技能

    C. 企业文化和应聘经验技巧   D. 以上均有

    E. 无企业教师

7. 企业教师授课的主要方式（　　　）。

    A. 教室内   B. 企业参观

    C. 工作岗位技能培训   D. 学生顶岗实习

    E. 以上均有

    F. 无企业教师

二、企业参与职业教育过程中遇到的问题调研

1. 能否有效解决参与职业教育中遇到的问题（　　　）。

    A. 能全面有效解决企业参与职业教育中遇到的问题

    B. 能解决部分问题企业参与职业教育中遇到的问题

    C. 存在部分法律空白

2. 参与职业教育过程中解决问题所依据的法律情况（　　　）。

    A. 缺乏具有针对性的法律

    B. 完整、有具体措施,可操作性强

    C. 有具体措施,可操作性一般

    D. 没有具体措施,可操作性不强

3. 参与职业教育过程中能否保障自己的利益？（　　　）

    A. 能很好保障企业在参与职业教育过程中的利益

    B. 能基本保障企业在参与职业教育过程中的利益

    C. 不能保障企业在参与职业教育过程中的利益

4. 对不履行参与职业教育责任的企业的惩罚力度（　　　）。

    A. 过于严厉   B. 严厉   C. 一般

    D. 有待加强

5. 企业在参与职业教育过程中所产生的成本应由（　　　）承担。

    A. 由政府承担   B. 由企业承担

    C. 由学校承担   D. 三方共同承担

6. 政府对企业参与职业教育过程支持的力度如何？（　　　）

    A. 资金得到支持,且力度合适

    B. 资金得到支持,但力度有待提高

    C. 没有得到资金支持

7. 企业参与职业教育得到的社会认可度是（　　　）。

    A. 得到社会广泛认可,企业形象得到很大提升

B. 社会认可度一般,企业形象得到一定程度提升

C. 没有得到社会认可,没有提升企业形象

8. 企业在参与职业教育过程中,如何协调企业与学校、企业与政府之间的问题?(　　)

A. 由企业主动联系学校和政府

B. 由学校和政府主动联系企业

C. 依靠行业协会或相关组织机构

D. 采取以上三种方式共同协调解决

E. 目前缺乏协调沟通平台和机制,三方沟通协调受到限制

9. 企业在参与职业教育过程中,是否得到了政府的引导和指导服务?(　　)

A. 充分的引导和指导

B. 基本的引导和指导

C. 未得到引导和指导

10. 企业参与职业教育的管理和考核机制(　　)。

A. 有完善机制　　　　B. 基本完善　　　　C. 没有相关机制

11. 企业在参与职业教育过程中存在的主要阻碍(　　)。

A. 对学生的培训周期较长,增加企业成本

B. 学生学习时间与与企业工作时间相冲突

C. 学生就业状态不稳定,人才流动性大

D. 学生出现意外伤害后,企业承担责任及赔偿

E. 缺少上级领导或部门的引导和支持

F. 企业在参与职业教育所作的贡献得不到社会认可

G. 缺少相关法律法规明确企业在参与职业教育时所具有的权利和义务

H. 缺少相关协议,以规范企业和学校的行为

I. 缺少与政府和学校进行有效沟通的平台和协调机构

J. 缺少政府相关政策的引导以及落实政策的具体办法

12. 企业在参与职业教育过程中最希望得到的外部支持(　　)。

A. 财政补助

B. 舆论宣传

C. 行业协会或相关组织机构的指导

D. 税收减免

E. 政策支持

F. 法律支持

13. 如何建立企业参与职业教育的长效机制（　　）。

    A. 政府主导　　　　　B. 企业主导　　　　C. 学校主导

    D. 三方共同主导

14. 参与职业教育过程中,最希望得到的利益是（　　）。

    A. 希望得到适合企业的人才

    B. 希望能够奠基企业中长期发展的基础

    C. 希望扩大企业社会知名度,提升企业形象

    D. 希望享受国家相关的优惠政策

三、您对于推进校企合作有哪些宝贵的意见和建议?

附录 4

专业质量标准评价表

_____学年_____系_____专业

主项目	分项目	质量等级			
		A （优秀）	B （良好）	C （合格）	D （不合格）
1. 专业设置和专业培养目标	1.1 专业设置和专业名称				
	1.2 专业培养目标和专业规格				
2. 课程体系和课程结构	2.1 课程设置与课程结构体系				
	2.2 实践课程与职业证书教育				
	2.3 课程开发与课程整合				
	2.4 专业培养方案				
3. 科目课程	3.1 课程大纲				
	3.2 课程范例				
	3.3 教材使用和教材建设				
4. 教学环节	4.1 教学档案和教学文件				
	4.2 考核标准与考核形式				
	4.3 教学水平、教学方法和教学手段				
5. 职业关键能力与素质培养	5.1 职业关键能力、素质培养设计				
	5.2 职业关键能力、素质培养实施				
	5.3 职业关键能力、素质培养改革				
6. 教学环境	6.1 教学基础设施				
	6.2 实践教学条件				
	6.3 专业教学和建设经费				
7. 产学研合作	7.1 产学研合作实施				
	7.2 产学研合作机制				

续表

主项目	分项目	质量等级			
		A (优秀)	B (良好)	C (合格)	D (不合格)
8. 师资队伍	8.1　生师比				
	8.2　师资结构				
	8.3　师资质量				
	8.4　兼任教师				
	8.5　师资队伍建设				
9. 学生素质	9.1　职业专门技术能力与基本技能				
	9.2　必备知识与理论				
	9.3　职业关键能力与素质				
	9.4　职业证书获取率				
10. 毕业生就业	10.1　初次就业率				
	10.2　就业指导及毕业生质量反馈				
	10.3　社会声誉				
总合计					

附录5

理论教学质量评价表

_____年_____学期_____系_____专业_____班

主项目	分项目	等级标准			
		A （优秀）	B （良好）	C （合格）	D （不合格）
1. 讲课水平	1.1　讲课内容				
	1.2　表达能力				
	1.3　板书				
	1.4　讲课进度				
	1.5　教学方法与教学手段				
2. 教学态度	2.1　答疑情况				
	2.2　作业布置				
	2.3　作业批改				
	2.4　讲稿质量				
	2.5　教书育人				
3. 外语及新技术渗透	3.1　外语渗透				
	3.2　新技术渗透				
4. 学生到课率	4.1　学生到课率				
5. 听课检查结果	5.1　听课检查结果				
6. 学生评教结果	6.1　三师调查结果				
7. 课堂互动	7.1　课堂互动				
8. 期末成绩	8.1　学期末学生成绩				
	总计				

附录6

实践教学质量评价表

_____学年_____学期_____系_____专业_____班

主项目	分项目	等级标准			
		A （优秀）	B （良好）	C （合格）	D （不合格）
1. 方案及准备	1.1 实践教学的项目及学时				
	1.2 实训教案				
	1.3 仪器设备				
	1.4 实验准备				
2. 操作及说明	2.1 安全操作				
	2.2 教学准备				
	2.3 教学过程				
	2.6 教学管理				
	2.7 仪器使用				
3. 总结及报告	3.1 实训报告				
	3.2 实训数据				
4. 考核及鉴定	4.1 实训报告批改、保管				
	4.2 考核成绩				
	4.3 实验记录基本情况及耗损				
总合计（个数）					

附录7

理实一体化教学质量评价表

_____年_____学期_____系_____专业_____班

主项目	分项目	等级标准			
		A（优秀）	B（良好）	C（合格）	D（不合格）
1. 教学设计	1.1　教学设计				
2. 教学准备	2.1　教学准备				
3. 讲课水平	3.1　实训内容				
	3.2　表达能力				
	3.3　操作				
	3.4　教学方法与教学手段				
4. 教学态度	4.1　训练质量				
	4.2　职业教育				
5. 外语	5.1　外语渗透				
6. 新技术渗透	6.1　新技术渗透				
7. 学生到课率	7.1　学生到课率				
8. 课堂互动	8.1　课堂互动				
9. 教学任务完成情况	9.1　学生掌握情况				
	9.2　学生技能				
10. 考核	10.1　考核成绩				
总计					

附录 8

班级总体教学质量评价表

_____年_____学期_____系_____专业_____班

主项目	等级标准			
	A(优秀)	B(良好)	C(合格)	D(不合格)
1.1 教师选用				
1.1 教材选用				
2. 备课及实施教学计划				
3. 教学组织				
4. 教学过程和方法				
5. 授课效果				
6. 实训条件				
7. 考试组织				
总合计				

附录 9

顶岗实习质量考核评价表

_____年_____学期_____系_____专业

主项目	分项目	等级标准			
		A (优秀)	B (良好)	C (合格)	D (不合格)
1. 实习准备 工作	1.1　实习计划				
	1.2　实习大纲				
	1.3　实习指导书				
	1.4　实习基地				
2. 指导与 巡查工作	2.1　指导教师				
	2.2　基地指导				
3. 实习 效果	3.1　实习纪律				
	3.2　实习内容				
	3.3　实习报告				
	3.4　实习效果				
	3.5　考核评定				
4. 实习准备 工作	4.1　实习计划				
	4.2　实习大纲				
	4.3　实习指导书				
总计					

参考文献

[1]匡瑛.比较高等职业教育:发展与变革[M].上海:上海教育出版社,2006.

[2]王明伦.高等职业教育发展论[M].北京:教育科学出版社,2004.

[3]温景文.高等职业教育发展理念的再认识[J].辽宁高职学报,2002,(6):26-29.

[4]刘钊.高职院校校企合作现状问题及对策研究[J].高教学刊,2016(7):247-248.

[5]教育部高等教育司.高职高专教育改革与建设——2003—2004年高职高专教育文件资料汇编[M].北京:高等教育出版社,2004,32(73).

[6]中国高等职业技术教育研究会.20年回眸——高等职业教育的探索与创新(1985—2005)[M].北京:科学出版社,2006.

[7]徐进华.基于灰色系统理论的数据挖掘及其模型研究[D].北京:北京交通大学,2009.

[8]俞驰.基于网络数据挖掘的客户获取系统研究[D].西安:西安电子科技大学,2009.

[9]冯军.数据挖掘在自动外呼系统中的应用[D].北京:北京邮电大学,2009.

[10]于宝华.基于数据挖掘的高考数据分析[D].天津:天津大学,2009.

[11]王曼,施念,花琳琳,杨永利.成组删除法和多重填补法对随机缺失的二分类变量资料处理效果的比较[J].郑州大学学报(医学版),2012(05):642-645.

[12]黄杰晟,曹永锋.挖掘类改进决策树[J].现代计算机(专业版),2010(01):38-41.

[13]李净,张范,张智江.数据挖掘技术与电信客户分析[J].信息通信技术,2009(05):43-47.

[14]刘莹.基于数据挖掘的商品销售预测分析[J].科技通报,2014(07):140-143.

[15]姜晓娟,郭一娜.基于改进聚类的电信客户流失预测分析[J].太原理工大学学报,2014(04):532-536.

[16]刘述昌,张忠林.基于中心向量的多级聚类KNN算法研究[J].计算机工程与科学,2017,39(9):1758-1764.

[17]朱志勇,徐长梅,刘志兵,等.基于贝叶斯网络的客户流失分析研究[J].计算机工程与科学,2013(03):155-158.

[18]翟健宏,李伟,葛瑞海,等.基于聚类与贝叶斯分类器的网络节点分组算法及评价模型[J].电信科学,2013(02):51-57.

[19]魏玲,魏永江,高长元.基于Bigtable与MapReduce的Apriori算法改进[J].计算机科学,2015,42(10):208-210+243.

[20]周霞.基于云计算的太阳风大数据挖掘分类算法的研究[D].成都:成都理工大学,2014.

[21]阮伟玲.面向生鲜农产品溯源的基层数据库建设[D].成都:成都理工大学,2015.

[22]明慧.复合材料加工工艺数据库构建及数据集成[D].大连:大连理工大学,2014.

[23]陈鹏程.齿轮数控加工工艺数据库开发与数据挖掘研究[D].合肥:合肥工业大学,2014.

[24]岳雪.基于海量数据挖掘关联测度工具的设计[D].西安:西安财经学院,2014.

[25]丁翔飞.基于组合变量与重叠区域的SVM-RFE方法研究[D].大连:大连理工大学,2014.

[26]刘士佳.基于MapReduce框架的频繁项集挖掘算法研究[D].哈尔滨:哈尔滨理工大学,2015.

[27]张晓东.全序模块模式下范式分解问题研究[D].哈尔滨:哈尔滨理工大学,2015.

[28]尚丹丹.基于虚拟机的Hadoop分布式聚类挖掘方法研究与应用[D].哈尔滨:哈尔滨理工大学,2015.

[29]王化楠.一种新的混合遗传的基因聚类方法[D].大连:大连理工大学,2014.

[30]欧振宇.数据挖掘技术在教务管理系统中的研究[D].北京:北方工业大学,2011.

[31]于玲玲.数据挖掘在教务管理中的应用研究[D].长春:长春理工大学,2010.

[32]汪澜,数据挖掘技术在教学评估中的应用研究[D].阜新:辽宁工

程技术大学,2003.

[33]林郎碟,王灿辉.Apriori算法在图书推荐服务中的应用与研究[J].计算机技术与发展 2011,21(05):22-24.

[34]曹黎侠,冯孝周.新的改进AHP算法研究及应用[J].计算机技术与发展,2010(12):115-121.

[35]郑春香,韩承双,董甲东.关联规则技术在教学评价中的应用[J],计算机技术与发展,2009,19(9):215-217.

[36]罗森林,马俊,潘丽敏.数据挖掘原理与技术[M].北京:电子工业出版社,2013.1.

[37]王冬秀.关联规则挖掘的Apriori算法的改进与应用[J].广西工学院学报,2012(4):27-31.

[38]何月顺.关联规则挖掘技术的研究及应用[D].南京:南京航空航天大学.2010.

[39]罗森林,马俊,潘丽敏.数据挖掘原理与技术[M].北京:电子工业出版社,2013.1.

[40]毛伊敏,彭喆,陈志刚,等.基于不确定决策树聚类算法在滑坡危险性预测的应用[J].计算机应用研究,2014,31(12):3646-3650.

[41]彭喆.基于不确定的数据挖掘聚类算法在滑坡灾害预测的应用[D].赣州:江西理工大学,2015.

[42]García V,Alejo R,Sánchez J S,et al.Combined effects of class imbalance and class overlap on instance-based classification[A]//Intelligent Data Engineering and Automated Learning-IDEAL 2006[M].Berlin,Heidelberg:Springer,2006:371-378.

[43]Xia Zhan-guo,Xia Shi-xiong,Cai Shi-yu,et al.Semi-Supervised gaussian process classification algorithm addressing the class imbalance[J].Journal on Communications,2013,34(5):42-51.

[44]MELL P,GRANCE T.The NIST Definition of Cloud Computing[R].National Institute of Standards and Technology,2011.

[45]卓广平.高效数据挖掘算法在大规模数据集中的应用研究[J].软件,2014,35(08):72-74.